Jürgen & Marianne Cieslik

Steiff-Teddybären

Eine Liebe fürs Leben

Verlag Marianne Cieslik

...von Giengen

in die weite Welt!

Gewidmet Richard Steiff,
dem Erfinder des Teddybären.

INHALT

Wenn es den Teddybären noch nicht gäbe, er müßte erfunden werden. Denn kein anderes Spielzeug hat den Menschen in den letzten hundert Jahren mehr in seinen Bann gezogen als dieses bewegliche Stück Plüsch, ausgestopft mit Holzwolle, einer langen oder kurzen Schnauze, einem Paar Augen und runden Ohren und ... ja sonst ist da eigentlich nichts. Oder doch? Teddyliebhaber wissen, daß ein Teddybär einzigartig ist. Jeder Vergleich mit anderen Spielzeugen würde zugunsten des Teddybären ausgehen. Denn keines ist jemals so erfolgreich gewesen wie er! Millionen, wenn nicht sogar Milliarden von Teddybären bevölkern inzwischen den Planeten. Und ein Ende ist nicht abzusehen. Im Gegenteil. Zur Zeit tritt er einen neuen Siegeszug an.. Eine Welt ohne Teddybär - undenkbar.

Das Geheimnis des Teddybären kann man im Emotionalen suchen: Er ist ein Begleiter fürs Leben; ein Menschenfreund für gute und schlechte Tage und ein verständiger Gefährte, der immer da ist, wenn man ihn braucht und der stets Zeit hat, zuzuhören, wenn man etwas zu sagen hat.

Der Teddybär also nicht nur Spielzeug für Kinder, sondern auch Partner und Trostspender in allen Lebenslagen für die Erwachsenen? Wenn das Richard Steiff, sein Erfinder, wüßte. Damals, vor fast hundert Jahren, als er den Teddybären aus der Taufe hob, dachte er nicht im Traum daran, welches Ausmaß dieser schöpferische Einfall einmal erlangen würde.

Der Teddybär hat Psychologen, Soziologen und Konsum-Forscher beschäftigt, er ist in die Literatur eingegangen und hat Geschichte gemacht. Er hat Sammler veranlaßt, sechsstellige Summen für ihn zu bezahlen und er hat im Laufe seiner Existenz Tausenden von Menschen Brot und Arbeit gegeben. Der Teddybär - ein Phänomen unserer Zeit!

Bär 35 PB (Bärle) bei einem seiner ersten Spaziergänge (1904/05).

Kinder lieben den Teddybären, weil er ein geduldiger und unempfindlicher Spielkamerad ist. Man kann ihn streicheln und liebhaben. Aber man kann ihn auch an den Ohren ziehen, ohne daß gleich etwas zerreißt. Die kleinen Kindergemeinheiten - ein Teddybär durchsteht sie alle ohne seelischen Schaden. Ob man sich beim rauhen Spiel auf ihn setzt oder ihn durch das Kinderzimmer wirft - er läßt höchstens ein gequältes Brummen hören. Und wenn er einmal ein Auge oder einen Arm verliert, die sind schnell wieder angenäht. Derartig malträtierte Teddybären mit einer lebhaften Vergangenheit sind an ihrem äußeren Zustand zu erkennen - man nennt das „abgespielt“.

Der Teddybär begleitet seinen Menschen von der Wiege bis zum Grabe. Schon im Alter von wenigen Monaten nehmen Babys ihren Teddybären in Besitz. Er ist weich, man kann ihn fühlen, greifen, ertasten. Später dann, im Kleinkindalter, wird er ständig präsenter Ansprechpartner, mit dem man die Welt entdecken kann. Er läßt alles zu, selbst den Dialog, das Rollenspiel - einem Teddybären kann man trauen, er enttäuscht nicht und hält, was er seinem kleinen Besitzer „verspricht“.

Je älter der Mensch, um so komplizierter sein Verhältnis zum Teddybären. Soeben war er noch Gegenstand der Zuneigung. Jetzt, im Kindergartenalter, muß er auch Schimpfkanonaden über sich ergehen lassen, muß den Frust der elterlichen Erziehung wie ein Blitzableiter erdulden. Erlittenes wird an ihm vergolten. Aber den Teddybären scheint das nicht aufzuregen. Er läßt diese kindlichen Ausbrüche der Gefühle über sich ergehen und bleibt bei aller Mißbilligung weiterhin der tolerante und duldsame Gefährte.

Noch schwieriger wird das Miteinander im Teenager-Alter zwischen 12 und 16 Jahren. Der Teddybär wird Bindeglied beim Erwachsenwerden. Für den Sozialpsychologen Tobias Brocher ist es keineswegs ungewöhnlich, wenn zum Beispiel junge Mädchen im Backfischalter ihren Teddybären mit ins Bett nehmen. In den Entwicklungsjahren, so Brocher, muß man sich langsam aus seinen zuvor engen Bindungen an die Eltern lösen. „Ein kleines Stück aus diesem verlorenen Paradies der Kindheit möchte jeder gern mitnehmen und für sich retten."

Einer dieser paradiesischen Rettungsringe ist der Teddybär. „Die Bindung an das Stofftier hat eine sehr tiefe seelische Bedeutung im Unbewußten. Würde man einem Teenager seine Stofftiere wegnehmen, mit der Begründung,

Niemand konnte 1904/05 ahnen, daß das Bärle die Kultfigur des 20. Jahrhunderts werden würde.

Liebevoll umsorgt wird das Bärle von seiner kleinen Verehrerin (1904/05).

das sei nun zu kindisch, so erlebt das Kind einen tiefgehenden Verlust: Es ist so, als nähme man einem Kleinkind die Mutter weg. Man erweist mit solchen 'Maßnahmen' sich selbst und dem Kind einen schlechten Dienst." „Jeder Mensch", so Tobias Brocher weiter, „braucht etwas, das nur ihm gehört, an das er sich anlehnen kann, um im Anschauen oder Berühren Trost für vielerlei Unbill zu finden, die das Leben nun einmal mit sich bringt."

Der Teddybär als Helfer in allen Lebenslagen? „Psychologe in Plüsch", so nannte ihn die Zeitschrift „Expression", die seinem Erfolg auf die Spur kommen wollte. „Wichtig ist das Streicheln und Liebkosen. Und dafür ist der Teddybär am besten geeignet. Denn Teddys Äußeres entspricht im Prinzip dem eines Menschenbabys: große Augen, kleine Nase, kleiner Mund und ein im Verhältnis zum Körper zu großer Kopf. Dies, in der Fachsprache Kindchenschema genannte Phänomen, löst bei groß und klein Beschützerinstinkte aus sowie auch Vokabeln wie 'niedlich' und 'süß'".

Kein Wunder, daß der Teddybär in der Erwachsenenwelt den Intimus weiterspielt. Natürlicherweise werden die Interessen des jungen Menschen auf die Ausbildung und den späteren Familienstand gelenkt. Der Teddybär landet also zunächst wohlbehütet auf dem „Parkdeck der Erinnerungen“, gut verpackt im Keller oder auf dem Dachboden. Um dann, oft viele Jahre später, sobald er von seinem Menschen „gebraucht“ wird, wieder zur Verfügung zu stehen.

Die innere Verbundenheit zwischen Teddybär und Mensch treibt seltsamste Blüten. Geschichten, Anekdoten, Berichte, Erzählungen, ja ganze Bücher beschäftigen sich mit dem Teddybären. Viele kann man einfach gar nicht glauben, so bizarr klingen sie. Beispiel: Ein erfolgreicher englischer Geschäftsmann hatte in seinem Leben nur einen Freund: einen Teddybären. Der begleitete ihn durchs Leben, bis sich der Mann entschloß, mit 56 Jahren doch noch zu heiraten. Es kam, wie es kommen mußte: Die Frau wurde eifersüchtig und ließ den Plüschkonkurrenten verschwinden. Für den Mann eine Katastrophe. Er ertrug die Trennung nicht und erschoß sich nach zwei Jahren.

Die deutsche Zeitschrift „Teddybär und seine Freunde“ berichtete kürzlich über den 72jährigen Werner Petzold,

Der Teddybär im Kaiserhaus. Oben ein Scherenschnitt (1915 von dem Künstler Otto Wiedemann) mit der Darstellung von Prinz Alexander Ferdinand auf einer Wohlfahrtspostkarte „zum Besten der im Felde erblindeten Soldaten“. Links: Familienfoto von Kronprinz Friedrich Wilhelm und Gemahlin Cecilie sowie den Kindern Wilhelm, Louis-Ferdinand, Hubertus und ganz rechts Friedrich mit einem kleinen Teddybären.

der als kleiner Bub zwei Mini-Teddybären geschenkt bekommen hatte. Diese beiden Teddys begleiteten ihn durch sein ganzes Leben - in der Hosen- oder Westentasche. Sie waren dabei, als er seine Lehrstelle antrat und auch als er Soldat wurde. „Ich habe die ganze Zeit über einen Teddy in der linken und einen in der rechten Hosentasche bei mir getragen“, erinnerte sich Werner Petzold in dem Bericht. Und er ist der festen Überzeugung, daß er Krieg und Gefangenschaft ohne Blessuren nur wegen seiner beiden Talismänner aus Plüsch überstanden hat.

Sind es häufiger die Männer, die derartige unzertrennliche Freundschaften mit Teddybären haben? Offensichtlich nicht, denn wenn man dem deutschen Nachrichtenmagazin „Der Spiegel" glauben darf, nahm ihn Prinzessin Elizabeth im Backfischalter auch noch jeden Abend mit ins Bett. Bis Prinz Philip kam und aus der Prinzessin die britische Königin Elizabeth II. wurde.

Über das enge Verhältnis zwischen Männern und Teddybären gibt es zahlreiche Freundschafts-Geschichten. Wie die über den britischen Rennfahrer Donald Campbell, der einen Teddybären mit grünumrandeten Ohren besaß. Er nannte ihn „Mr. Woppit" und er war ständiger Begleiter im Rennwagen-Cockpit. 1960 wagte Campbell auf einem Salzsee im US-Staat Utah einen neuen Rekordversuch und verunglückte. Seine erste Frage im Krankenhaus, als er aus der Bewußtlosigkeit erwachte, war: „Wo ist Mr. Woppit?" Er gab keine Ruhe, bis jemand vom Team den Bären aus den Trümmern des Rennwagens geholt hatte.

Am 22. Februar 1965 bestieg ein Teddybär sogar das Matterhorn. Er hieß „Zissi" und gehörte den Kindern des Alpenblick-Hotels am Fuße des Berges. Durch Zufall geriet er in den Rucksack des Bergsteigers Bonnati, dem er dann das Leben rettete. Von eisiger Nacht überrascht, wollte sich der erfrierende Bonnati durch einen Sprung in eine Gletscherspalte sein Leiden verkürzen. Doch dann drückte er den warmen, weichen Teddybären an sein Gesicht und beichtete ihm in dieser Nacht sein Leben. Das hielt ihn wach, er konnte am nächsten Morgen lebend und mit nur leichten Erfrierungen geborgen werden.

Der Teddybär als Sammlerobjekt: Auktion beim Londoner Auktionshaus Sotheby´s.

Der Teddybär als Kunstobjekt: „Godbear" von dem belgischen Künstler Charlemagne Palestine auf der Kasseler „documenta" 1987, gefertigt von Steiff.

Diplomatische Aktivitäten lösten 2.000 Teddybären aus, die nach dem Golfkrieg 1991 die UNO und den amerikanischen Embargo-Ausschuß beschäftigten. Es ging um die Frage, ob die Teddybären in den Irak eingeführt werden durften. Gesammelt hatte sie die Krankenschwester Dianne Judice, die mit den Teddys kriegsgeschädigten Kindern helfen wollte. 59 Tage lagerten die Plüschtiere auf dem Flughafen in Los Angeles, bis endlich ein ärztliches Gutachten die Politiker überzeugte, daß Teddybären eine therapeutische Wirkung bei kranken Kindern haben.

Das Teddybär-Fieber ist nicht so neu wie es scheint. Selbst in früheren Jahren war das Kuscheln mit dem Plüschtier bei Erwachsenen aktuelles Tagesthema. So schreibt die Zeitschrift „Die Handarbeiten" im Februar 1925: „Wie stehen die Erwachsenen zu unserem Teddybären? - In den Salons von Künstlern und Gelehrten kann man ihn auf dem Sofa oder neben dem Arbeitstisch sitzen

Der Teddybär als Talismann: Stummfilmstar Dorrit Weixler.

sehen. Schauspieler und Schauspielerinnen können, ohne ihn in ihrer Nähe zu wissen, nicht auftreten." Sagenumwoben der Bericht von der Opernsängerin, die ihren Teddybären vergessen hatte, als sie abends zur Oper fuhr. Das Auto mußte umkehren, um den Plüschfreund zu holen. Die Aufführung konnte erst beginnen, als sie ihn in ihrer Garderobe auf den Schminktisch gesetzt hatte.

Auch schon viel früher, im Jahre 1907, war der Teddybär Mittelpunkt der Aufmerksamkeit. So heißt es in einem Korrespondentenbericht in der „Sonneberger Zeitung" vom 15. Juli über die erste Teddybär-"Sucht" in den Vereinigten Staaten von Amerika: „Im letzten Jahr sah man ihn plötzlich auch in den Schaufenstern in allen möglichen Größen aus Plüsch und anderen Stoffen hergestellt, und er scheint vom ersten Tag an eingeschlagen zu haben. Erst schrien die Kinder nach einem Teddy-Bär und schleppten ihn im Haus und in den Straßen herum, und bald konnte man selbst jungen Damen mit dem Bärlein im liebenden Arm begegnen. In den Zeitungen ist bei jedem Ausverkauf sein Konterfei und der Preis, von einem halben bis zu fünf Dollar, zu finden."

In dieser Zeit war der Teddybär noch im zarten Kleinkindalter. Erst ganze fünf Jahre zählte er und hatte doch schon die große amerikanische Nation in seinen Bann gezogen. Niemand war stolzer darauf als die Spielwarenfabrik Margarete Steiff in Giengen, wo die Wiege des Teddybären stand. Das Unternehmen erlebte 1906/07 durch den Teddybären einen einmalig rasanten Aufschwung, so daß ein Auftragsstopp verhängt werden mußte, weil die Produktionskapazitäten erschöpft waren. Allein 1907 wurden hier 975.000

Der Teddybär als Verkaufsschlager in England: links im Spielwarengeschäft Ransom und rechts im renommierten Hamley´s Spielwarengeschäft.

Teddybären hergestellt, fast 90 Prozent davon wurden nach Amerika exportiert.

Diesen Plüschbären-Boom hatte im Hause Steiff niemand vorausahnen können. Denn zunächst schien es, als ob Teddybärs Ausflug über den großen Ozean ein großer Reinfall werden würde. Versuche, den Teddybären auf dem US-Markt einzuführen, hatte es von Steiff nämlich mehrere gegeben. Aber es dauerte einige Jahre und bedurfte eines entschiedenen Faceliftings, bis aus dem ersten Teddybären eine Attraktion für jung und alt geworden war.

Der Teddybär hat seine eigene Entwicklungsgeschichte. Und die begann Jahrzehnte vor seiner Geburt in dem kleinen Ort Giengen an der Brenz. 1880 nämlich, als die durch eine Kinderlähmung behinderte, zeitlebends an einen Rollstuhl gefesselte, Margarete Steiff einen kleinen Elefanten aus Filz anfertigt. Damit legt sie den Grundstein für eine der ältesten, heute noch existierenden Spielzeugfabriken der Welt. Ihrem eisernen Willen, ihrem Können und ihrer Weitsicht verdankt dieses Unternehmen den schon im ersten Jahrzehnt dieses Jahrhunderts erreichten Ruf als erste Adresse für Qualitätsspielzeug.

Margarete Steiff.

Nach wenigen Jahren bietet die geschäftstüchtige Jungunternehmerin eine ganze Menagerie von Tieren aus Filz an: Affen, Esel, Pferde, Kamele, Giraffen, aber auch Schweine, Mäuse, Hunde und Katzen. Wie gefragt diese Artikel waren, belegen die folgenden Zahlen: 1885 verlassen bereits 600 Elefanten die kleine Werkstatt in Giengen, ein Jahr später sind es schon mehr als 5.000.

Das kleine Versandgeschäft florierte. Denn Filz, Filzwaren und Spieltiere sind in dieser Zeit beliebt. 1892 erscheint der erste Katalog: „Filz Spielwaren-Fabrik“ heißt es auf der Titelseite. Am 3. März 1893 wird das kleine Unternehmen ins Handelsregister eingetragen. Vier feste Mitarbeiter und zehn Heimarbeiterinnen sind in diesen Jahren

Gründerhaus der Margarete Steiff GmbH.

schon für Margarete Steiff tätig, der Umsatz liegt allein für Spielwaren bei 28.000 Mark.

Der Aufschwung fordert seinen Tribut: Neubau 1889 mit Ladengeschäft und Arbeitsräumen, erster Handelsvertreter 1894 und erster Besuch der Leipziger Messe 1897. Margarete Steiff weiß, daß sie die Führungsebene verstärken muß, um dem schnellen Wachsen der Firma gerecht zu werden. Die Familienbande der Steiffs sind intakt und was liegt näher, als die Söhne ihres Bruders Fritz nach guter und bewährter Tradition mit Führungspositionen zu betrauen. In den Jahren 1897 bis 1906 kommen nacheinander ihre fünf Neffen (Söhne ihres Bruders Fritz) Richard Steiff, Paul Steiff, Franz Steiff, Hugo Steiff und Otto Steiff in die aufstrebende Fabrik. Und diese fünf sprühen vor Kreativität und Ideen.

Einem ist die Tante besonders zugetan: Richard Steiff. Schon als Kind hatte der kleine Richard die volle Aufmerksamkeit seiner Tante gefunden. Daraus entwickelt sich ein besonders enges persönliches Verhältnis. Margarete Steiff schätzt an ihm seinen Reichtum an Fantasie und nüchternem Realitätssinn. Zur Ausbildung wird Richard Steiff von seinem Vater, einem Bauwerksmeister, zur Kunstgewerbeschule nach Stuttgart geschickt. Als er dann 1897 in die Spielwarenfabrik eintritt, ist seine erste Aufgabe die Repräsentanz auf der Leipziger Messe. 1898 folgt eine Englandreise. Und es zeigt sich, daß Richard Steiff nicht nur ein guter Verkäufer, sondern auch ein beliebter Gesprächspartner bei den Kunden ist. Mit Charme, Intelligenz und Sensibilität geht er auf ihre Probleme ein, diskutiert und notiert die Wünsche der Auftraggeber. Und er knüpft erste internationale Kontakte.

Der Teddybär und sein Erfinder: oben links Richard Steiff mit seiner Frau Else, rechts Richard Steiff am Frühstückstisch bei morgendlicher Lektüre. Unten eine Seite aus dem Skizzenblock von Richard Steiff mit Zeichnungen von Bären, entstanden Ende des vergangenen Jahrhunderts.

Nach seiner ersten Englandreise widmet sich Richard Steiff zunächst ausschließlich dem Entwurf und der rationellen Herstellung weichgestopfter Spielzeuge. So wünscht es seine Tante Margarete Steiff. Denn sie will eine Schulung von der Pike auf. Nähen, Entwerfen, Zuschnitte zeichnen und der tägliche Büroalltag gehören für die nächsten Jahre zum Ausbildungsprogramm. Doch schnell wird deutlich, daß Richard Steiffs Vorliebe der Entwicklung von neuen Produkten gehört. Es entsteht eine Fülle von kuriosen und originellen Figuren, realistischen Tieren und ersten Puppen, die in Katalogen abgebildet sind und eine begeisterte Kundschaft finden.

Richard Steiff ist es auch, der als erster die Notwendigkeit einer durchorganisierten Fabrik mit lichten Arbeitsräumen, großzügigen Büros und ausreichenden Lagerhallen erkennt. Nirgendwo ist festgehalten, woher er seine Anregungen bezogen hat, doch nach seinen ersten Bauzeichnungen entstehen die sogenannten „Glasbauten“ (der erste 1903), die in die Architektur-Geschichte eingegangen sind. Die langen, flachen, zwei- bis dreistöckigen Gebäude haben doppelte Wände ganz aus Glas und lassen eine Überfülle von Licht an die Arbeitsplätze.

Die Zeitschrift „Bauen und Wohnen“ würdigt 1970 die Steiff-Bauten mit den Worten: „Und doch stellen erst diese Arbeiten einer sogenannten anonymen Avantgarde den objektiven Hintergrund her für die Meisterleistungen so berühmter Architekten wie Adolf Loos, Walter Gropius oder Mies van der Rohe.“ Noch heute sind diese Gebäude in Giengen ein Mekka für viele Architekten aus aller Welt.

Margarete Steiff ist in diesen Jahren der Expansion unermüdlich tätig. Sie überwacht die gesamte Produktion, prüft die fertigen Stofftiere und was nicht ihren Qualitätsvorstellungen entspricht, wird aussortiert. Sie formuliert die Firmen-Philosophie, die immer noch Gültigkeit hat: „Für Kinder ist nur das Beste gut genug.“ Nur hochwertige Materialien finden Verwendung und schnell werden die Produkte aus Giengen Vorbild für die ganze Spielwaren-Branche.

Bären spielen in der Produktion noch eine untergeordnete Rolle. Selbstverständlich findet man sie schon im ersten Katalog von 1892. Diese Bären sind aber nicht beweglich, sondern stehen auf ihren vier Beinen oder sind als Stehaufe in den Listen aufgeführt: „Weichgestopft für kleine Kinder“ und zwar in den Größen 12 und 20 cm. Später gibt es Bären auf gußeisernen Rädern zum Ziehen, als Tanzbären an einer Kette oder einfach nur „stehend“. Sie sind aus kurzhaarigem Plüsch in den Farben Weiß, Grau, Braun und Schwarz.

1899 kommen Eis- oder Braunbären ins Programm, die schon ziemlich bemerkenswert sind und wie folgt beschrieben werden: „Fabrik-Nr. 576 und 576-1 Bär aus Plüsch zum Reiten mit Verbindungschienen und Zugleine, Tragkraft über 1 Zentner.“ Oder: „Bär auf Scheibe, welche an einer Deichsel geschoben wird und sich durch Räderübersetzung um sich selbst dreht.“

Noch einmal sei an dieser Stelle betont, daß keiner dieser Bären beweglich ist. Und das unterscheidet den Spielzeugbär vom Teddybär. Denn die Erfindung des Teddybären, die in zwei Schritten erfolgte, besteht in der Beweglichkeit der Glieder und des Kopfes. Wie es dazu kam, darüber sind viele Geschichten und Fabeln veröffentlicht worden. Nach gründlicher Recherche und dem Studium der Steiffschen Firmenakten hat sich die Geburtsstunde des Teddybären damals vermutlich wie folgt in Giengen zugetragen:

Der Teddybär und die Evolution: Vom Stehauf-Bären zum Glieder-Teddybären.

Richard Steiff diskutiert oft stundenlang mit Tante Margarete über neue Impulse für das Unternehmen. Eine ganze Menagerie von Tieren ist jetzt im Programm, angefertigt aus Stoff, Filz oder Plüsch. Diesen Materialien will man treu bleiben, darüber ist man sich einig. Aber was könnte an Neuheiten auf der nächsten Frühjahrsmesse in Leipzig den Kunden vorgestellt werden? Aufmerksam verfolgt man in Giengen, wie Riesenumsätze in diesen Jahren von den Puppenfabriken in Thüringen gemacht werden. Aber es ist schwierig, bei diesem Boom mitzumachen. Denn die Puppen haben Köpfe aus Porzellan und Körper aus Papiermaché. Das paßt aber nicht zur Steiff-Philosophie und zu einer Stoffspielwarenfabrik. Das Geheimnis dieses Puppenerfolges ist unter anderem, daß alle diese Puppen beweglich sind: Kopf, Schultern, Ellbogen, Handgelenke, Beine, Knie und Füße. Und diese Beweglichkeit fehlt den Steiff-Produkten. Steiff ist eben steif.

Margarete Steiff und Neffe Richard sind sich einig: Wir müssen etwas Gleichwertiges auf den Markt bringen. Und Richard Steiff beginnt im Herbst 1902 mit den ersten Entwürfen. Die dabei entstehenden Puppen wirken wie Karikaturen, doch sie haben Arm- und Beingelenke. Ein starker Bindfaden, in Schulterhöhe durch den Arm, den Körper und den anderen Arm gezogen, fest verknotet - und schon können die Arme bewegt werden. Dasselbe Prinzip auch bei den Beinen - eine bewegliche Puppe ist entstanden.

Richard Steiff ist davon überzeugt, daß diese Befestigung verbessert werden kann. Doch zunächst werden neue Puppentypen entworfen, damit sie auf der Frühjahrsmesse 1903 in Leipzig bei der Kundschaft getestet werden können. Um die Verbesserung der Gelenke will er sich später kümmern.

In diesen Tagen erreicht ihn eine Postkarte von Franz Matthes, Inhaber des führenden Spielwarengeschäftes E.W. Matthes in Berlin, Leipziger Straße. Abgebildet sind auf der Vorderseite einige kleine Bärenkinder aus dem Berliner Zoo. Notiz von Franz Matthes: „So etwas möchte ich von Ihnen haben." Richard Steiff schaut sich die Bärenkinder lange an, vergleicht sie mit eigenen Zeichnungen, die er 1894 während seiner Ausbildung an der Stuttgarter Kunstschule im dortigen Tierpark anfertigte. Er weiß, wie wichtig diese Tierstudien für ihn als Spielzeug-Designer sind. Und er erinnert sich, daß er schon lange keinen Zoo mehr besucht und Studien-Skizzen von den Tieren angefertigt hat. Dann legt er Postkarte und Zeichnungen beiseite, die tägliche Arbeit holt ihn ein.

Am Freitag, dem 24. Oktober 1902 liest Richard Steiff beim morgendlichen Frühstück die heimische Zeitung, den „Brenzthal-Boten". Dort findet er folgende redaktionelle Notiz: „Auf dem Memmingerthorplatz in Giengen ist vom Sonntag nachmittag an bis Dienstag abend Wieser´s amerikanische Menagerie erstellt und ist daselbst stündlich Vorstellung und Fütterung. Fr. Cora gibt Dressuren mit ihren Bären und als Löwenbraut schläft sie auf ihren Löwen und steckt Arme und Gesicht in den geöffneten Rachen des Löwen." Und im Anzeigenteil inseriert die Zirkus-Direktion unter anderem: „Bei jeder Vorstellung Bären-Ringkampf der kühnen Tierbändigerin Bianka Braselli und den Riesen-Barribal-Bären."

Giengen a. Br.

Nur 3 Tage auf dem Memmingerthorplatz.

Sonntag, Montag und Dienstag

Wieser's amerikan. Menagerie.

Die größte Raubtier-Dressur der Welt; u. a. Miß Cora, die berühmte Tierbändigerin mit ihren dressierten Nord- und Eisbären, sibirischen Steppen-Wölfen.

Neu! Zum erstenmal: Neu!

Die Löwenbraut mit ihren ausgewachsenen Königslöwen.

Bei jeder Vorstellung **Bären-Ringkampf** der kühnen Tierbändigerin Bianka Braselli und d. Riesen-Barriballbären, Raubtiere aus allen Teilen der Erde zu Wasser und zu Lande.

Größte Sehenswürdigkeit der Neuzeit:

Die größte Schlange der Welt

aus dem Hamburger Tierpark.

Die riesige Schlange wird bei jeder Vorstellung durch 6 Mann aus ihrem eisenbeschlagenen Holzkasten herausgehoben und lebend auf den Schultern der 6 Männer gezeigt.

1000 Mark Prämie bietet die Direktion einem jeden Besucher, der nachweisen kann, wo er schon jemals in ganz Europa ein zweites Exemplar in dieser Stärke und Größe lebend gesehen hätte. Es ist dies die hervorragendste Sehenswürdigkeit der Gegenwart. — Stündliche Vorstellung und Fütterung.

Preise der Plätze: 1. Platz 40 ₰, 2. Platz 25 ₰, Kinder 20 u. 15 ₰.
Eröffnungs-Vorstellung: Sonntag nachmittags 3 Uhr, sowie an den beiden andern Tagen von morgens 10 Uhr an geöffnet.

Zu zahlreichem Besuche ladet ergebenst ein

Die Direction.

Pferde zum Schlachten, abgängiges. Rindvieh und Stallhasen werden angekauft.

Natürlich sitzt Richard Steiff bei der Eröffnungs-Vorstellung am Sonntag nachmittag, dem 26. Oktober 1902, um drei Uhr in der ersten Reihe. Gespannt verfolgt er die Dressuren. Am meisten interessiert er sich für die Bären, die er später noch einmal bei der Fütterung beobachtet. Gezeigt werden die in Nordamerika weit verbreiteten Barribal-Bären. Sie haben kleine Augen und runde Ohren. Die Fellfarben sind braun, beige, zimtfarben oder silbrig.

28.10.1902

DIE IDEE

Richard Steiff erfindet die beweglichen Plüschtiere.

Im Steiff-Archiv ist aus dem Jahre 1902 der „Aff60PB" als einziges Tier der von Richard Steiff entworfenen Neuentwicklungen erhalten geblieben. Er gehört, wie auch der Teddybär, zu den ersten Plüschtieren der Welt mit beweglichen Gliedern. Der „Aff60PB", der „Maat 35" und „Bär55PB" (abgebildet ist der „35PB", da der „Bär55PB" verschollen ist) erhielten eine Bindfaden-Aufhängung. Die abgebildeten Tiere Fuchs, Katze, Ziege und Elefant haben bereits Scheiben und Drahtaufhängung (von 1904).

Richard Steiff verläßt die Vorstellung nachdenklich. Und hat die Idee, neben den geplanten Puppen auch Tiere mit beweglichen Gliedern zu entwerfen. Am besten würden sich dafür Affen und Bären eignen, weil sie aufrecht stehen oder gehen können. Und damit schlägt die Geburtsstunde des Teddybären. Aber der Weg bis zum vollendeten Modell ist noch lang.

Am nächsten Morgen bespricht Richard Steiff seine Pläne mit Margarete Steiff, die ihn ermuntert, erste Muster anzufertigen. Sie will dann erst entscheiden, ob diese Plüschtiere zur Frühjahrsmesse 1903 nach Leipzig mitgenommen werden. So entstehen der bewegliche Bär 55 PB und der Affe 60 PB (die Zahl ist die Größenangabe, das „P" bedeutet Plüsch, das „B" steht für beweglich).

Der Bär 55 PB ist noch sehr plump. Er hat zwar sehr viel Ähnlichkeit mit dem Barribal-Bären, aber noch nicht das typische Teddybär-Design. Margarete Steiff steht dem neuen Modell ziemlich skeptisch gegenüber. Eine erste Kalkulation zeigt, daß der Verkaufspreis ziemlich hoch ausfallen wird. Die Firmenchefin setzt deshalb keine „allzugroßen Hoffnungen" auf den „Bär 55 PB". Aber da sich Paul Steiff, ebenfalls Neffe von Margarete Steiff, in dieser Zeit in den USA aufhält, um dort die Märkte zu erkunden und ein Musterlager aufzubauen, beschließt sie, daß ein halbes Dutzend dieser Bären mit der nächsten Sendung nach Amerika verschickt werden soll.

Paul Steiff, wohl der gewissenhafteste Chronist des Unternehmens, hat in einem länglichen Geschäftsbuch (einer sogenannten Strazza) penibel festgehalten, wann die Mustersendung in New York ankam. Er registriert Mitte Februar 1903 den Eingang der Kiste Nr. 3945. Inhalt unter anderem: Sechs Bären vom Typ 55 PB. In einer späteren handschriftlichen Notiz vermerkt Paul Steiff die Probleme, die er mit diesem Bären hatte: „... und deshalb gezwungen war, diese Sache aufzugeben (Anm.: die US-Steiff-Vertretung), weil den Amerikanern unsere Spielwaren damals schon zu teuer waren und gar noch der... herausgebrachte Plüsch-Bär, der außerdem noch zu groß und zu schwer und zu hart als Spieltier für Kinder betrachtet wurde und deshalb getadelt und nicht gekauft wurde, was mich zwang... das Land Amerika zu verlassen."

Margarete Steiff * Giengen-Brenz

(6)

Erste Filzspielwaren-Fabrik Deutschlands.

19.7.03

Neuheiten 1903-04.

Nummer		Preis per Dutzend
Aff **43** P B	nicht abgebildet	37.80
Aff **60** P B	abgebildet	72.—
Bär **8** M	abgebildet	8.40
Bär **55** P B	abgebildet	96.—
Ueberdax M	abgebildet	14.40
Ele **14** T	abgebildet	10.80
Ele **17** T	nicht abgebildet	15.—
Ele **22** T	nicht abgebildet	27.—
Ele **28** T	nicht abgebildet	39.—
Ele **22** P	abgebildet	39.—
Ele **28** P	nicht abgebildet	51.—
Ele **35** P	nicht abgebildet	81.—
Ele **43** P	nicht abgebildet	117.—
Ele **50** P	nicht abgebildet	171.—
Ele **55** P	nicht abgebildet	192.—
Eich **5** M Blatt	abgebildet	5.40
Esl **22** P	abgebildet	25.80
Esl **28** P	nicht abgebildet	41.40
Esl **35** P	nicht abgebildet	62.—
Esl **43** P	nicht abgebildet	90.—
Esl **50** P	nicht abgebildet	138.—
Esl **60** P	nicht abgebildet	204.—
Fox **17** siz T	abgebildet	12.—
Fox **22** siz T	nicht abgebildet	18.—
Fox **28** siz T	nicht abgebildet	26.40
Frosch **5** M Nad	abgebildet	5.40
Häng Schwalb M	abgebildet	9.—
Häng Taub M	abgebildet	9.—
Has **14** ren T	abgebildet	14.40
Has **17** ren T	nicht abgebildet	18.—
Has **17** siz M	nicht abgebildet	19.20
Has **17** siz T	nicht abgebildet	19.20
Hen Brut	abgebildet	8.40
Kater M	abgebildet	14.40
Kaz **12** lig T	abgebildet	12.—
Kaz **14** lig T	nicht abgebildet	18.—
Kaz **17** lig T	nicht abgebildet	26.40
Kaz **22** lig T	nicht abgebildet	36.—

Nummer		Preis per Dutzend
Kaz **14** T	abgebildet	10.80
Kaz **17** T	nicht abgebildet	14.40
Kaz **22** T	nicht abgebildet	21.—
Kaz **28** T	nicht abgebildet	33.—
Kaz **14** siz T	abgebildet	10.80
Kaz **17** siz T	nicht abgebildet	12.—
Kaz **22** siz T	nicht abgebildet	18.—
Kaz **28** siz T	nicht abgebildet	26.40
Kam **14** M	abgebildet	13.20
Lam **22** T ohne R	abgebildet	18.—
Lam **28** T ohne R	nicht abgebildet	30.—
Lam **35** T ohne R	nicht abgebildet	42.—
Lam **22** T mit R	nicht abgebildet	21.—
Lam **28** T mit R	nicht abgebildet	36.—
Lam **35** T mit R	nicht abgebildet	54.—
Lam **43** T mit R	nicht abgebildet	72.—
Lam **50** T mit R	nicht abgebildet	120.—
Löw **14** lig M	abgebildet	16.20

14.3.1903
LEIPZIGER MESSE
3.000 Bären verkauft.

Wie in jedem Jahr, ist die Spielwarenfabrik Margarete Steiff aus Giengen auch im März 1903 wieder auf der Oster-Vormesse in Leipzig vertreten. Unter der Leitung von Richard Steiff stehen die Mitarbeiter den Einkäufern aus aller Welt Rede und Antwort. Es gibt, wie gewohnt, viele Bestellungen und nennenswerte Umsätze mit gängigen Artikeln. Aber niemand will den Bär 55 PB haben. Am letzten Tag schließlich, als man schon mit dem Abbau des Messestandes begonnen und die ersten Holzkisten zugenagelt hat, kommt Hermann Berg, Einkäufer des großen US-Einkaufshauses Geo. Borgfeldt & Co., New York, vorbei. Man unterhält sich, tauscht Messeklatsch aus. In der Steiff-Chronik heißt es dazu:

Die einzigen Abbildungen vom ersten Teddybär der Welt, dem „Bär 55PB", sind Fotos im Steiffschen Neuheiten-Katalog von 1903/04. Der Preisliste von 1903 ist zu entnehmen, daß dieser Bär pro Stück 8 Mark kostete.

„Hermann Berg war mißmutig und gab zu erkennen, daß er auf der ganzen Messe keine wirkliche Neuheit gefunden habe. Er suche ein nettes Spielzeug, etwas Weiches und Wuscheliges. Ob man ihm nicht so etwas anfertigen könnte?" Richard Steiff geht an eine halboffene Kiste und nimmt ein Exemplar des 55 PB-Bären heraus. Er drückt ihn dem amerikanischen Einkäufer in die Hand und erzählt, daß bisher kein einziges Exemplar davon verkauft worden sei. Hermann Berg scheint das nicht zu beeindrucken. Er ist begeistert. Trotz des hohen Gewichts und des hartgestopften Körpers bestellt er von dem unförmigen Plüschtier 3.000 Exemplare. Und legt damit einen weiteren Grundstein für den Erfolg des künftigen Teddybären.

Der erfolgreiche Verkauf der 3.000 Bären führt bei Steiff zu hitzigen Diskussionen. Richard Steiff hat ein offenes Ohr für alle kritischen Anmerkungen. Er überarbeitet das Design, macht den Bären kleiner und gefälliger in Schnitt und Aussehen. Auch die Beweglichkeit der Arme und Beine wird verbessert. Das Ergebnis ist der Bär 35 PB, der am 5. März 1904 als Geschmacksmuster beim zuständigen Gericht im nahen Heidenheim geschützt wird. Doch Margarete Steiff bleibt immer noch skeptisch. Sie glaubt noch nicht an dieses neue Produkt und seinen Durchbruch. Franz Steiff wird beauftragt, das Unternehmen auf der Weltausstellung in St. Louis/USA zu vertreten. Er soll dort den kleineren Bären „ins rechte Licht“ rücken und Käufer finden. Und was niemand in Giengen so recht glauben wollte, gelingt Franz Steiff: Er kehrt mit vollen Auftragsbüchern in die Heimat zurück. Insgesamt verkauft er 12.000 Bären im Land der unbegrenzten Möglichkeiten. Ein stolzes Ergebnis, das der Spielwarenfabrik abermals Auftrieb gibt - und die Chefin Margarete Steiff ist endlich vom Durchbruch des Bären überzeugt.

Gutgelaunte Teddybär-Veteranen „35PB“ und „28PB“ aus dem Steiff-Archiv (siehe auch Seite 20/21 und 24/25).

Zwischen 1902 und der Leipziger Frühjahrsmesse vom 7. bis 12. März 1904 wird nur der „Bär 55 PB“ verkauft, von dem bis heute niemand genau weiß, wie er ausgesehen hat. Auch im Steiff-Archiv ist er nicht vorhanden, nur ein un-

5.3.1904

BÄR 35 PB

Geschmacksmuster Bär 35 PB, eine Verbesserung des 55 PB.

deutliches Katalog-Foto. Merkmale: Bindfaden-Aufhängung, sehr unförmig, sehr schwer. Ab Anfang 1904 wird der „Bär 35 PB“ im Katalog geführt. Beschreibung: Bindfaden-Aufhängung, Gewicht 1050 Gramm, 50 cm groß.

Der Erfolg läßt die Konkurrenz nicht schlafen. Bald werden Steiff-Produkte von anderen Spielzeugfabriken kopiert. Bei Steiff ist man gar nicht glücklich darüber. Doch wie sich abgrenzen? Wie seinen Produkten einen unverwechselbaren Stempel aufdrücken, an dem die Herkunft sofort erkannt werden kann? Ab etwa 1900 werden alle Erzeugnisse von Steiff mit einem kleinen, angenähten Papier-Anhänger versehen. Auf ihm ist das Steiffsche Markenzeichen, der Elefant mit dem S-förmigen Rüssel, aufgedruckt. Doch diese Anhänger kann man abreißen oder mit der Schere abschneiden. Wie kann der Kunde dann noch feststellen, ob es sich um ein Steiff-Produkt handelt? Erschwerend bei den Überlegungen ist, daß fast alle Produkte aus Plüsch oder Filz hergestellt sind. Hier kann kein Markenzeichen eingegossen, eingefräst, eingestanzt oder aufgedruckt werden. Franz Steiff hat die rettende Idee: den „Knopf im Ohr“.

Ab 1. November 1904 erhalten alle Steiff-Tiere einen Knopf im linken Ohr. Zunächst sind es blanke Metallknöpfe, es folgt das eingeprägte Firmenzeichen (Elefant mit S-förmigem Rüssel), das dann auf jeder Knopfoberfläche zu sehen ist. Margarete Steiff informiert die Kundschaft per Rundschreiben mit den neuesten Firmennachrichten: „Auszeichnung: Grand Prix, Weltausstellung St. Louis 1904, ferner erhielten je eine goldene Medaille: Fräulein Margarete Steiff und Herr Richard Steiff. Personalien: Meine Neffen und langjährigen technischen Leiter und Prokuristen Herren Paul, Richard und Franz Steiff haben durch ihre Beteiligung selbständiges Verfügungsrecht. Fabrikneubauten (und Kesselhaus): 1903-1904 umfassen zirka 9.000 qm erstaunlich helle Fabrikräume, nach eigenem, unerreicht billigem System erbaut, mit Wänden ganz aus doppeltem Gußglas, Dampfheizung, neueste Bogenlampenbeleuchtung, 25 Telephon-Stationen. Schutzmarke (Elefant mit S-förmigem Rüssel) befestige ich ab 1. November 1904 nunmehr ausnahmslos an jedes Stück und zwar im linken Ohr auf einem kleinen Nickelknöpfchen. Auf diese Art der Anbringung ist gesetzlicher Schutz angemeldet.“ Dieser Schutz wird vom Patentamt abgelehnt. Doch Firmenanwalt Zeisig entschließt sich zu einem juristischen Kunstgriff: Er läßt die Worte „Knopf im Ohr“ registrieren (ab 20. Dezember 1904). Der Knopf wird unverwechelbares Markenzeichen. Und die Fachzeitschrift „Wegweiser“ schreibt: „Mit dieser Marke wurde wohl noch kein Artikel gefunden, der je den geringsten Fehler gehabt hätte“.

Der Bär „5328" von 1904 ist der erste Teddybär mit der höchsten Auszeichnung in der Bärenwelt: dem Elefanten-Knopf.

Bei Steiff weiß man: Trotz aller unverhofften Bären-Verkäufe ist die Befestigung der Glieder immer noch ungenügend. Die durchgezogenen Bindfäden sitzen nicht fest genug. Nach kurzem und rauhem Kinderspiel hängen die Arme und Beine der Bären schlaff herunter. Eine erste Lösung ist die Drahtbefestigung, die in mehreren Varianten weiterentwickelt wird. Am 6. Dezember 1904 erhält die Spielwarenfabrik dafür das DRGM 242 399, das die Drahtbefestigung grundsätzlich vor der Konkurrenz schützt: „Spielzeug mit beweglichen Gliedern, deren Befestigungsdrähte paarweise im Innern des Körpers der Figur miteinander verbunden sind." Statt Bindfäden werden die beiden Arme für die zweite Bären-Generation durch den Körper mit Draht verbunden. Um gefährliche Unfälle zu vermeiden, sind die Drahtenden spiralförmig nach innen gebogen (Produktion von Februar bis Dezember 1904). Dann wird der gebogene Draht durch Metallköpfe ersetzt und auf den Drahtenden befestigt, ähnlich wie der Kopf einer Heftzwecke (ab Dezember 1904). Die Metallköpfe bleiben in der gestopften Holzwolle verborgen. Damit sind die Glieder der Bären drehbar wie auf einer Achse. Nach einem ähnlichen Prinzip, jedoch praktisch unverwüstlich, ist eine Befestigung, die am 8. Juni 1905 registriert wird. Im Körper ist eine feste Metallachse angebracht, die Arme werden in Gelenke eingehängt und „sind endlos drehbar". Eine robuste Lösung, doch teuer und unpraktisch. Erstes Exemplar mit dieser Konstruktion ist der „Bär 28 PB", für ein Jahr im Programm. Merkmale: Gliederbefestigung mit Metallschiene, Schuhknopfaugen, lange und spitze Schnauze, Nase aus Siegellack, Elefantenknopf im linken Ohr, Gewicht 580 Gramm, 40 cm groß.

„Bär 28PB" mit Metall-Aufhängung (Röntgen-Aufnahme unten rechts). Besonderheit: Dieser Bär hat eine Naht auf dem Kopf, er wurde also von oben gestopft.

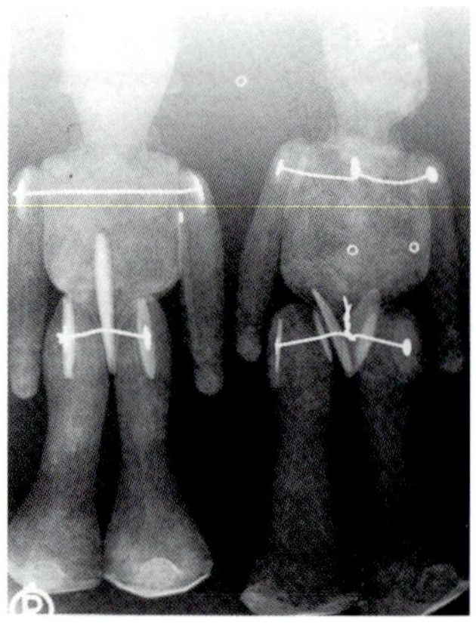

Steiff-Entwicklung auf einen Blick: Links DRGM vom 8.6.1905, rechts vom 6.12.1904.

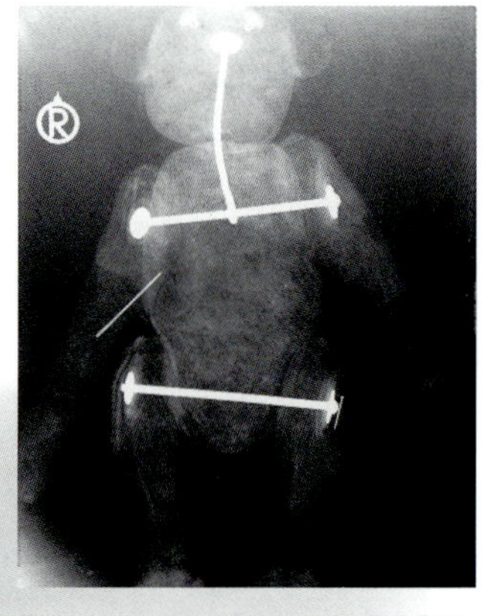

Weiterentwicklung zum DRGM vom 8.6.1905 (wie ganz oben links).

In einer Anzeige von 1906 heißt es: „Bärle von 17 cm bis Lebensgröße, weich gestopft, mit Stimme und endlos drehbaren Gliedern. DRGM."

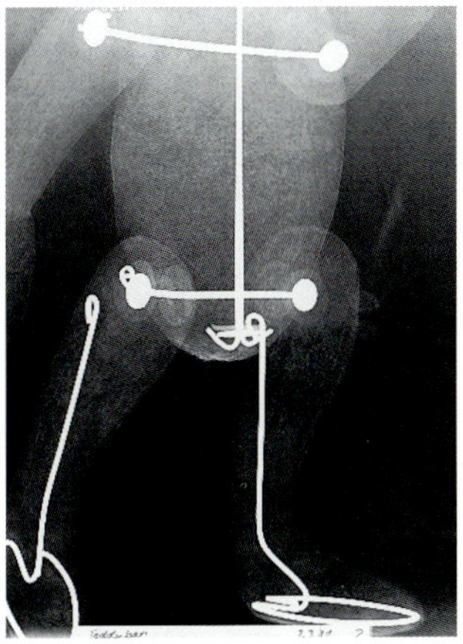

Befestigung, angefertigt zwischen Februar und Dezember 1904.

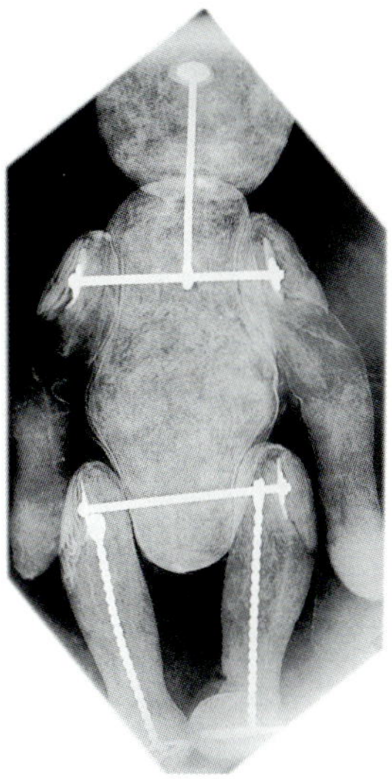

Eine andere Variante der Befestigung von 1904.

„Bär 35PB" mit Drahtbefestigung (siehe Röntgen-Aufnahme auf dieser Seite oben). Der Draht geht bis in die Füße (möglicherweise nur für Bären über 50 cm).

Dreierlei „Blond“: Mitte Bär „5343“, links „5328“ mit Mittelnaht und rechts „5328“ in fast rötlichem Blond. Der Mittelnaht-Bär, ein von Sammlern besonders gesuchter Typ, ist das seltene Ergebnis der Plüsch-Zuschneidetechnik durch unterschiedliche Stoffbreiten (siehe auch Brief auf der gegenüberliegenden Seite).

26.12.1904
BRIEF
Blond ist die Modefarbe.

Zu den ersten Lieferanten von Steiff gehört auch die Plüschfabrik Reinhard Schulte in Duisburg. Diese geschäftliche Verbindung, in ihrer Anfangszeit auch mit engen privaten Kontakten, besteht noch heute. Hier ein Auszug aus einem Brief von Margarete Steiff an Plüschfabrikant Reinhard Schulte, Duisburg, aus dem Jahre 1904.

Herrn Reinhard Schulte
Duisburg

26. Dezember 1904 (2. Weihnachtstag). „...Zweck dieses (Schreibens) ist, Sie zu veranlassen, so schnell als möglich weiteren Stoff zu liefern, da große Bestellungen vorliegen und ich keinen Vorrat habe. Die blonde Farbe ist die wichtige, ich hoffe, daß Sie mir stets dieselbe liefern können und auch in der Rechnung unter blond angeben. Nun wollen Sie große Quantitäten fertig stellen in dem Stoff blond à 6 Mark und auch in dem dickeren Pelz blond zu 7 M 50. Über einen wichtigen Punkt muß ich Ihnen noch schreiben. Ihre Stoffe sind wohl in der richtigen Breite gewoben, aber die Pelzdecke ist sehr schmal, es sind öfter nur 120 bis 122 Centimeter nutzbar während bei anderen doch 125 bis 126 Centimeter nutzbar sind. Unter diesen Umständen bringe ich die berechnete Anzahl nicht heraus. Ich denke, daß Sie diesen Übelstand in Zukunft abstellen. ... Da ich dieses privatim schreibe (die Contore sind verwaist), so kann ich von den Stoffen die Nummer nicht angeben, hoffe aber, daß Sie mich verstehen, ich will keine Zeit versäumen, daß Sie schnell fabrizieren. Also so schnell als möglich per Eilgut was fertig wird, blond, hochstehend à 6 Mark und dick blond auch möglichst hochstehend ohne Strich à 7 M 50 was Sie auftreiben können. ...Auch die dunkleren Stoffe sind Ihnen bestellt oder werden bestellt.

Hochachtungsvoll zeichnet Margarete Steiff."

Hochachtungsvoll zeichnet
Margarete Steiff.

Obwohl die Bären steigende Verkaufszahlen aufweisen, ist Richard Steiff mit den bisherigen Typen immer noch unzufrieden. Wie kann der Bär noch kinderfreundlicher, noch liebenswürdiger gestaltet werden? Überarbeitete Entwürfe stapeln sich auf dem Schreibtisch von Richard Steiff. Keiner findet den Beifall seiner Tante Margarete. Richard Steiff erinnert sich an die Thüringer Puppen und leitet damit die zweite Geburtsstunde des Teddybären ein: Aus dem plumpen Bären wird ein puppenähnlicher, schlanker Plüschgeselle. Mit diesem Modell kann Richard Steiff auch vor den kritischen Augen seiner Tante Margarete bestehen. Sie ist begeistert. Genau so hat sie sich den Bären vorgestellt: puppig, mit beweglichen Gliedern, rundem Gesicht, stumpfer, kurzer Schnauze und gestickter Nase. Und dieser Bär hat eine Besonderheit, die nach ihm bis heute fast alle Teddybären haben, egal aus welcher Werkstatt sie stammen: Kopf und Glieder sind angescheibt. Ob es sich bei der Anscheibung (Befestigung) um eine weitere Erfindung von Richard Steiff handelt oder ob es Vorbilder dafür gab, geht aus den Unterlagen im Steiff-Archiv nicht hervor. Auf jeden Fall wird am 12. Februar 1905 das Modell unter der Bezeichnung „Bär 35 PAB“ (A = angescheibt) als Geschmacksmuster beim Amtsgericht in Heidenheim registriert.

Anzeige von 1905.

Werbetext von 1906 mit nebenstehendem kleinen Foto: „Bärle ist der bedeutendste Artikel in der ganzen Spielwarenbranche“.

Rechts: Gerüstet, um die Welt zu erobern: Der berühmte Richard Steiff-Bär, der die endgültige Form des klassischen Teddybären besitzt. Seine Produktions-Nr. ist „5322“, 32 cm groß.

Bärengrößen im Jahre 1905:

PAB 5317,1	25 cm	90 Gramm
PAB 5322,1	32 cm	170 Gramm
PAB 5328,1	40 cm	350 Gramm
PAB 5335,1	50 cm	610 Gramm
PAB 5342,1	60 cm	980 Gramm
PAB 5350,1	70 cm	1380 Gramm
PAB 5380,1	115 cm	5400 Gramm

Anzeige von 1906.

Im neuen Katalog für das Jahr 1905 wird der neue Richard-Steiff-Bär unter der Bezeichnung „Bärle" (nicht „Teddybär"!) angeboten. Und 1908 erscheint der folgende Anzeigentext: „Eine Umwälzung auf dem Puppen- & Spielwarenmarkt." Diese Formulierung läßt den Schluß zu, daß die Firma Steiff mit dem Bären gezielt der Puppenbranche Konkurrenz machen wollte (was ihr dann innerhalb weniger Jahre auch gelang). Deshalb gibt es schon ab 1905 den neuen Bären-Typen in den verschiedenen gängigen Puppengrößen.

Mit dem Katalog von 1905 wird auch ein neues Nummernsystem den Kunden vorgestellt, das Bestellungen erleichtern und die Produktion beschleunigen soll. Die Zahlen geben Aufschluß über das Spielzeug, seine Größe und seine Beschaffenheit. Beispiel: „P" = Plüsch; „A" = angescheibt; „B" = beweglich. Die Nummer „5317" bedeutet: „5" = beweglich; „3" = Mohairplüsch; „17" Größe sitzend; „1" nach dem Komma = extra weich gestopft (ab 1913 = Druckbalgstimme). - „Bärle" ist, wie die frühere „PB"-Serie, mit hochwertigem Plüsch (dunkelbraun, hellbraun, blond oder weiß) überzogen. Im Ohr tragen die frühen Exemplare den Elefanten-Knopf, der wenige Monate später durch den Schriftzug „Steiff" ersetzt wird. Auf Wunsch wird „Bärle" auch mit einer Druckstimme ausgestattet. Die Mechanik ist aus Leder, unzerbrechlich und wird erst 1908 durch die automatische Brummstimme (durch Neigen des Körpers) ersetzt.

Der Richard-Steiff-Bär, wie er später genannt wird, erlebt einen raketenhaften Aufstieg. Soeben als Muster vollendet, dann auf der Leipziger Messe vorgestellt und schon sind die Auftragsbücher bei Steiff bis zum Rand gefüllt. Und es gibt keine Beschwerden mehr wegen zu harter Holzwolle-Stopfung. Denn auch hier beschreitet man einen neuen Weg: Holzwolle und Kapok werden gemischt. Das Ergebnis: Der Bär fühlt sich weicher an und ist nicht mehr so schwer!

STEIFF

Richard Steiff

1906 - 1914
BÄRENJAHRE

Millionen von Bären
erobern die Länder dieser Erde.

Für die kalten Winternächte ein warmer, flauschiger Partner. 1907 ist der Wärmflasche-Bär die Attraktion auf der Leipziger Messe. 50 cm groß, Produktions-Nummer „5335b“, am 4. März 1907 als Geschmacksmuster registriert, ist er um schmuseweiche wohlige Wärme nicht verlegen. Sein Geheimnis: ein offener Bauch, ein hohler Körper und eine stählerne Wärmflasche, die mit heißem Wasser gefüllt werden kann. Die Öffnung kann mit aufgenähten Haken und einem starken Band zugeschnürt werden. Entstanden war diese originelle Lösung einer Kinder-Wärmflasche bei Steiff nach dem kalten Winter im Jahre 1906. Berlin erstickte im Schnee und die Temperaturen lagen weit unter dem Nullpunkt. Doch ein großer Erfolg blieb aus: von 1907 bis 1914 wurden nur 90 Exemplare hergestellt.

4.3.1907
Bär als Wärmflasche

Das Jahr 1907 ist in der Geschichte des Hauses Steiff ohne Beispiel und wird firmenoffiziell als „hemmungslos" bezeichnet. 975.000 Bären verlassen in diesen zwölf Monaten die Spielwarenfabrik. 400 Arbeiter und Arbeiterinnen werden in dem Unternehmen beschäftigt, 1.800 Heimarbeiterinnen im weiten Umkreis von Giengen nähen, stopfen und liefern halbfertige Teddybären an. Nur in Deutschland hat der Bär noch keinen großen Freundeskreis gewonnen. Berlins größtes Spielzeuggeschäft E.W. Matthes wirbt mit viel Engagement für die Steiff-Bären, doch die Kunden bleiben aus. Inhaber Matthes ist verzweifelt. Sohn Wilhelm hält in seinen Erinnerungen fest: „Bald wimmelte unser Schaufenster von jungen braunen Bären. Diesmal aber gab es einen Reinfall. Die Berliner lachten, tippten sich an die Schläfe und sagten ´plemm, plemm´. Kein Mensch kaufte die kleinen lieben Bestien und die Konkurrenz lachte sich eins ins Fäustchen."

Deutschland war noch nicht „bärenreif". Über 90 Prozent der Steiffschen Produktion gehen ja auch nach Amerika - die Bärenhysterie ist nämlich jenseits des großen Teiches ausgebrochen. Und das hat einen prominenten Grund und der heißt Theodore Roosevelt, seines Zeichens Präsident der Vereinigten Staaten von Amerika. Er hat den Bären-Boom ausgelöst. Und zwar mit einer Begegnung, die 1902 in der „Washington Post" beschrieben wurde. Der Karikaturist Clifford K. Berryman veröffentlichte im November eine Zeichnung, auf der Roosevelt während eines Jagdausfluges mit einem jungen, hilflosen Bären zu sehen ist. Er wird an einem Strick festgehalten, damit der Präsident ihn abschießen kann. Doch Roosevelt verzichtet, und die Nation dankt ihrem tierliebenden Präsidenten mit Sympathie und Begeisterung. Seitdem schmückt Berryman seine Roosevelt-Zeichnungen immer mit einem kleinen Bären.

Zwar gibt es in der amerikanischen Souvenirbranche Versuche, die „freundliche Bären-Atmosphäre" kommerziell zu nutzen. Doch diese amerikanischen Bären-Versuche sind billig, aus den unterschiedlichsten Materialien, ohne Bewegung und bleiben ohne bemerkenswerte Resonanz. Erst der bewegliche Bär von Richard Steiff, der als „Bärenpuppe" konzipiert ist, schafft den Durchbruch.

An dieser Stelle muß festgehalten werden: Der Richard-Steiff-Bär ist nicht entstanden, um das Roosevelt-Bären-Image als Absatzhilfe einzusetzen. Die Teddybär-Erfindung war unabhängig von den politischen Vorgängen in den USA. Denn Richard Steiff hatte schon einen Monat vor der Veröffentlichung der berühmten Berryman-Zeichnung den beweglichen Bären erfunden.

Nein, den Durchbruch für den Teddybären schaffte jener Hermann Berg, der für Geo. Borgfeldt & Co., New York, als Spielzeugeinkäufer tätig war und 1903 mit seinem spektakulären Einkauf der ersten 3.000 Steiff-Bären auf der Leipziger Messe voll im Trend lag. Und er war es, der beide Ereignisse - den Steiff-Bären und den Bärenkult um Präsident Roosevelt- zu einer kommerziellen Symbiose zusammenführte. Mit welchem Ergebnis! Ohne die Zufälligkeit dieser Ereignisse, insbesondere ohne die Trend-Visionen des Hermann Berg - der Teddybär wäre wahrscheinlich nie so populär geworden.

Und dann kommt noch ein weiteres Ereignis hinzu, daß in der Geschichtsschreibung über den Teddybären viele Interpretationen erlebt hat: Die Namensgebung. Denn das Steiffsche „Bärle" wird erst 1908 zum „Teddy-Bär". Unbestritten ist, daß Theodore Roosevelt dem Teddy-Bären

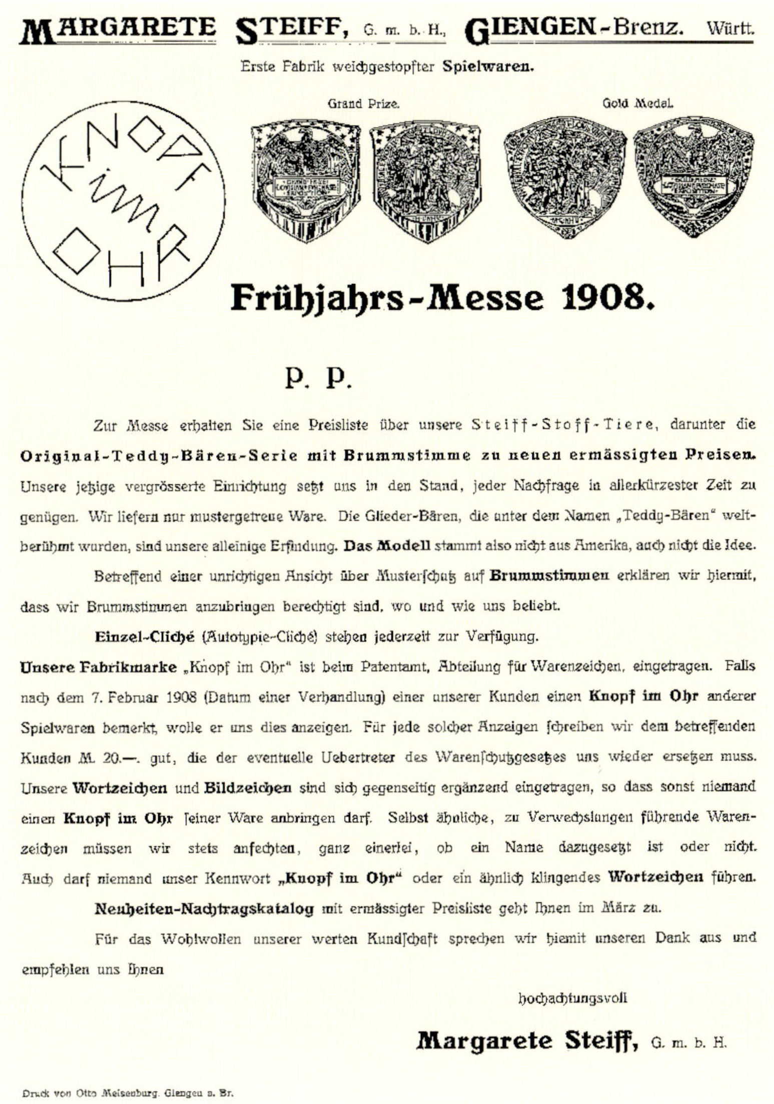

MARGARETE STEIFF, G. m. b. H., **GIENGEN-Brenz.** Württ.

Erste Fabrik weichgestopfter **Spielwaren.**

Grand Prize. Gold Medal.

KNOPF IM OHR

Frühjahrs-Messe 1908.

p. p.

Zur Messe erhalten Sie eine Preisliste über unsere Steiff-Stoff-Tiere, darunter die **Original-Teddy-Bären-Serie mit Brummstimme zu neuen ermässigten Preisen.** Unsere jetzige vergrösserte Einrichtung setzt uns in den Stand, jeder Nachfrage in allerkürzester Zeit zu genügen. Wir liefern nur mustergetreue Ware. Die Glieder-Bären, die unter dem Namen „Teddy-Bären“ weltberühmt wurden, sind unsere alleinige Erfindung. **Das Modell** stammt also nicht aus Amerika, auch nicht die Idee.

Betreffend einer unrichtigen Ansicht über Musterschutz auf **Brummstimmen** erklären wir hiermit, dass wir Brummstimmen anzubringen berechtigt sind, wo und wie uns beliebt.

Einzel-Cliché (Autotypie-Cliché) stehen jederzeit zur Verfügung.

Unsere Fabrikmarke „Knopf im Ohr“ ist beim Patentamt, Abteilung für Warenzeichen, eingetragen. Falls nach dem 7. Februar 1908 (Datum einer Verhandlung) einer unserer Kunden einen **Knopf im Ohr** anderer Spielwaren bemerkt, wolle er uns dies anzeigen. Für jede solcher Anzeigen schreiben wir dem betreffenden Kunden M. 20.—. gut, die der eventuelle Uebertreter des Warenschutzgesetzes uns wieder ersetzen muss. Unsere **Wortzeichen** und **Bildzeichen** sind sich gegenseitig ergänzend eingetragen, so dass sonst niemand einen **Knopf im Ohr** seiner Ware anbringen darf. Selbst ähnliche, zu Verwechslungen führende Warenzeichen müssen wir stets anfechten, ganz einerlei, ob ein Name dazugesetzt ist oder nicht. Auch darf niemand unser Kennwort **„Knopf im Ohr“** oder ein ähnlich klingendes **Wortzeichen** führen.

Neuheiten-Nachtragskatalog mit ermässigter Preisliste geht Ihnen im März zu.

Für das Wohlwollen unserer werten Kundschaft sprechen wir hiemit unseren Dank aus und empfehlen uns Ihnen

hochachtungsvoll

Margarete Steiff, G. m. b. H.

Druck von Otto Meisenburg, Giengen a. Br.

seinen Namen gegeben hat. Denn von seinen Freunden wird der Präsident „Teddy“ gerufen und irgendwann wurde in Verbindung mit einem Spielzeug-Bären daraus der „Teddy-Bär“.

Wie und wann das passierte, haben viele recherchiert, doch keiner gefunden. Es gibt verschiedene Versionen. Da soll es zum Beispiel anläßlich der Heirat der Roosevelt-Tochter ein bärengeschmücktes Bankett gegeben haben. Diese Bären seien in Anwesenheit des Präsidenten zu „Teddy´s Bären“ getauft worden. Oder: Nach einem mehrtägigen Jagdausflug ohne Beute kam Roosevelt in das Hotel Colorado in Glenwood Springs/USA zurück. Das Personal wollte den Präsidenten überraschen und bastelte ihm aus Stoff einen Bären, den es dann „Teddy´s Bär“ nannte. Geschichten, Legenden, nichts ist belegbar.

Der Begriff „Teddy-Bär“ taucht in Verbindung mit einem Spielzeug-Bären zum ersten Mal im Jahre 1906 in den USA auf. Da wächst die Bären-Popularität, denn jeder verbindet mit ihm seine Sympathie zu dem beliebten und gefeierten Präsidenten Roosevelt.

In Giengen zögert die Geschäftsleitung, das Wort „Teddy-Bär“ zu übernehmen. Wer schließlich in der Steiff-Familie wen überzeugt hat, den populären Ausdruck „Teddy-Bär“ doch zu benutzen, ist nicht mehr festzustellen. Aber der Zeitpunkt läßt sich ziemlich genau ermitteln. Richard Steiff feiert am 7. Februar 1908 seinen 31. Geburtstag. Eine Woche später verschickt Steiff an seine Kunden die Einladungen zur Leipziger Messe. In diesem Schreiben findet sich der erste Hinweis, daß jetzt auch Steiff den Begriff „Teddy-Bär“ anwendet: „...Die Glieder-Bären, die unter dem Namen ´Teddy-Bären´ weltweit berühmt wurden, sind unsere alleinige Erfindung. Das Modell stammt also nicht aus Amerika, auch nicht die Idee.“ Und in einem Fachzeitschriften-Inserat wirbt Steiff kurze Zeit später: „TEDDY BEAR ist Original-Erfindung und Massen-Artikel der Spielwarenfabrik Margarete Steiff.“

Eines kann man sich bis heute bei Steiff nicht verzeihen: Man hatte in den Jahren des Bären-Booms versäumt, rechtzeitig den Begriff „Teddy-Bär“ als Schutzmarke registrieren zu lassen. Einfach wäre das auch gar nicht gewesen. Als dann im September 1907 Firmenanwalt Zeisig einen entsprechenden Antrag beim Deutschen Reichspatentamt stellt, wird er erwartungsgemäß abgelehnt. Anwalt Zeisig empfiehlt einen anderen Weg. Er rät dazu, eine Bärenstimme zu konstruieren, die den Namen „Teddybär“ hervorbringen kann. Diese Stimme könne dann als Gebrauchsmuster geschützt werden und erhielte anschließend den Warenzeichen-Schutz für „Teddy-Bär“.

Der Teddybär lernt „sprechen“. Mit verschiedenen Stimm-Mechaniken kann er die unterschiedlichsten Brummlaute von sich geben. Links Druck- und Ziehstimmen, wie sie bei Tieren schon vor 1900 zum Einsatz kamen. Rechts in der Stoffhülle die Druckbalgstimme („Hugmi“ von 1913), davor die automatische Brummstimme, wie sie auch heute in vielen Teddybären Verwendung findet.

Zeisig am 8. November 1907: „...daß die Stimme an sich nicht geschützt werden kann, sondern es kann nur diejenige Vorrichtung geschützt werden, welche die Laute hervorbringt. Und diese auch dann nur, wenn sie gegenüber dem Bekannten neu ist. Dieses scheint doch der Fall zu sein, da das Wort ´Teddy´ doch gewiß einige Schwierigkeiten verursachen dürfte, um es durch einen Blasebalg hörbar zu machen.“ Nun wird bei Steiff experimentiert. Richard Steiff und Bruder Otto kümmern sich persönlich um die Stimmen-Entwicklung. Schon bald müssen sie erkennen, daß es keine praktikable Lösung gibt. Eine solche Stimme würde zu teuer und sie wäre zu groß, um sie in einen Teddybären einbauen zu können. Andere Mechanismen werden entworfen, doch vergeblich.

Margarete Steiff drängt. Sie will nun alle rechtlichen Möglichkeiten nutzen, um das Geburtsrecht am Teddybären in der Öffentlichkeit zu verteidigen. Denn schon haben sich viele deutsche Konkurrenzfirmen am Bären-Boom beteiligt. In Giengen beschließt man, offensiv über die Werbung den Ruf als Erfinder des Teddybären zu festigen. Und benutzt dafür eine weitere Neuerung: den Einsatz von Brummstimmen. So heißt es in einem Firmenrundbrief an alle Kunden: „ Zur Messe erhalten Sie eine Preisliste über unsere Steiff-Stoff-Tiere, darunter die Original-Teddy-Bären-Serie mit Brummstimme zu neuen ermässigten Preisen.“ Diese Brummstimme war das Ergebnis der Stimmen-Experimente von Paul Steiff. Bisher hatten die Bären nur mit Druck- oder Zugstimmen reagiert. Aber jetzt gibt es eine Stimme, die beim Neigen und Zurückbeugen des Teddybären einen brummenden Ton von sich gibt. Messeneuheit für Steiff - und ein Prinzip, das sich bis heute beim Teddybären bewährt hat. Eingebaut wird die Stimme in die Bären-Größen ab 35 (5325) cm. Und wieder muß sich Steiff wehren, denn offensichtlich hatte noch jemand anderes eine Brummstimme erfunden. Steiff: „Betreffend einer unrichtigen Ansicht über Musterschutz auf Brummstimmen erklären wir hiermit, daß wir Brummstimmen anzubringen berechtigt sind, wo und wie uns beliebt.“

Am 6. März 1908 beginnt die Leipziger Messe. Die schwere Wirtschaftskrise in den USA macht alle Erwartungen zunichte. Die Bestellungen bleiben aus. Bei Steiff setzt man jetzt auf England. Anfang des Jahres reist Otto Steiff auf die grüne Insel, um hier die Teddybär-Geschäfte zu beleben. Er arbeitet im Büro des englischen Steiff-Vertreters Herbert E. Hughes in London. Margarete Steiff schreibt Otto Steiff am 29. August 1908 nach London, daß sie speziell für England den Bären „5322“ (32 cm) mit Brummstimme liefern kann: „Was nun den Preis der Brummstimme betrifft, so möchten wir Sie darauf aufmerksam machen, daß uns diese tatsächlich 3,50 M (das Dutzend) kostet.“ Erst zwei Monate später dann können die Bären mit Brummstimme nach England geliefert werden: „Endlich ist es uns gelungen, eine Anzahl Brummstimmen für Bär 5322 hereinzubringen.“

Übrigens: ab 1913 gibt es eine sogenannte Druckbalgstimme (die sogenannte Hugmi-Stimme) für alle Teddybär-Größen ab „5322". Das Brummen ertönt durch Druck von allen Seiten. Im Steiffschen Nummernsystem wird nun hinter die vierstellige Zahl „5322" ein Komma gesetzt, dahinter dann eine „1" für Druckbalgstimme und eine „2" für automatische Brummstimme.

Zwei stimmstarke Teddybären: „5350", 70 cm, um 1908.

Der Teddybär als modischer Playboy. 1907/08 wird aus dem nackten Plüschgesellen ein gut gekleideter Gentleman. Bei Steiff ist er als Russe im Russenkittel ebenso im Programm wie als prächtig ausstaffierter Matrose. Doch auch als einfacher Junge oder als Mädchen macht der Teddybär Eindruck auf seine Anhänger. Sogar literarische Vorlagen nutzt er für sein Outfit. Zum Beispiel bekleidet in Anlehnung an Seymor Eaton´s „Roosevelt Bears“, im Pullover mit der aufgestickten Aufschrift „Teddy G“ (= grau) oder „Teddy B“ (= braun).

Und dann gibt es da noch „Teddy Bears Picnic“, die lustige Gesellschaft im Grünen, bei der die Ausstatter ihre ganze Fantasie spielen lassen konnten. Hintergrund: 1907 komponierte John Bratton einen Two Step. Der Engländer Jimmy Kennedy textete dazu einen Song, der im Land der Teddybären Geschichte machte: „Teddy Bears Picnic“. Das Lied wurde von vielen berühmten Künstlern gesungen, unter anderem auch von Bing Crosby.

2.4.1908

Blau & Pink

Der Teddybär entdeckt die Mode.

Auszug aus einer Bestellung vom Kaufhaus Harrods, London, an Steiff in Giengen, vom 2. April 1908: „2 Dutzend gekleidete Bären in blau und pink, gemischt in Größe 5322 (32 cm)." Zwei dieser Teddybär-Opas wurden in den letzten Jahren weltberühmt durch ihre Versteigerung in London: „Alfonzo", der rote Bär der russischen Prinzessin Xenia und „Elliot", der blaue Bär. Zwei von 24. Wo sich wohl die anderen 22 blauen und pinkfarbenen Teddybären versteckt haben?

18.8.1908

ESKIMO

Der Teddybär bekommt ein Schwesterchen: eine Bärenpuppe mit Kindergesicht.

Aus einem Steiff-Rundschreiben vom 26. August 1908 an die englischen Kunden: „Steiff-Bären, die Originalen. Wenn Sie Ihre Bestellung vor dem 31. August abgegeben haben, erhalten Sie alle bestellten Bären rechtzeitig zum Weihnachtsgeschäft - Bären mit Maulkorb, Bären mit Kleidung, Bären mit Stimme." Steiff-Produkte sind Qualitätsware und kosten ihren Preis. Damals wie heute. Doch hohe Preise kann nicht jeder bezahlen. Um die Teddybären preiswerter herzustellen, wird speziell für den englischen Markt ein neuer Mohairplüsch erprobt, der als „neue, billige Qualität" angepriesen wird. Zum Vergleich: Der Bär „5313" kostet 9,60 Mark, der „5315" schon 12,00 Mark. Beide Bären aus dem „billigen Mohair" würden je 4,60 Mark kosten. Margarete Steiff: „Die Kalkulation ist sowohl in bezug auf Arbeitslohn als auch auf sonstige Materialien so knapp als möglich gehalten."

Richard Steiff mit einem eleganten Auto vor dem neuen Messhaus in Leipzig „Café Monopol". Das Foto entstand im Jahre 1908.

26.8.1908

BRUMMVERBOT

Der Teddybär erhält einen Maulkorb.

Premiere auf der Leipziger Messe feiern die neuen Maulkorb-Teddybären. Ihre Plüschfarben sind dunkel- und hellbraun sowie weiß. Geliefert werden können sie in zehn verschiedenen Größen. Das Foto zeigt die Maulkorbbären „5332,7“ (= 46 cm, die „7“ bedeutet Maulkorb) und „5335,7“ (= 50 cm).

Das Foto unten zeigt den Ausstellungsstand der Firma Steiff während der Leipziger Frühjahrsmesse 1908 im Messhaus „Café Monopol“.

England im Teddybär-Fieber. Margarete Steiff hat sich entschlossen, ein breit gefächertes Waren-Lager in London einzurichten. Organisation und Aufbau soll Otto Steiff übernehmen. Der schreibt am 12. November 1908 seiner Tante aus der britischen Hauptstadt: „Um sämtliche Kunden von dem Londoner Bärenlager in Kenntnis zu setzen, benötige ich postwendend 300 - 500 Stück Bärenpostkarten, deren linke Hälfte der Adreßseite entweder vollständig leer oder nur mit dem Namen der Firma versehen sein darf, um Platz zu einer kleinen Mitteilung zu haben." Natürlich haben die Postkarten ein bäriges Motiv, wie das unten abgedruckte Beispiel zeigt. Die Postkarten-Fotos entstehen im Steiffeigenen Fotostudio; Arrangement und Regie Richard Steiff.

12.11.1908

POSTKARTEN

Der Teddybär als Fotostar.

Die Postkarten-Serie mit den Steiff-Teddybären ermunterte den Verlag von J. F. Schreiber in Esslingen, dem Teddybären ein eigenes Buch zu widmen. Titel: „Der Teddy-Bär und seine Freunde“. Interessant der Untertitel: „Ein Bilderbuch nach Margarete Steiff´s Puppen“. Auf 18 Seiten werden Teddybären, Tiere und Puppen in lustigen Versen vorgestellt. Zu dem nebenstehenden Postkartenmotiv lautet der Buchtext: „Hier sitzt nun die ganze Gesellschaft: Vater Teddy, Mutter Teddy, die Tante, der Onkel, die Gouvernante aus der Schweiz und all die großen und kleinen Teddybärkinder.“

14.11.1908
PURZEL-BÄR
Der Teddybär als Turner.

Der Purzel-Bär bringt Bewegung in die Kinderzimmer. Am 14. November 1908 wird seine Mechanik mit dem DRGM 359 595 geschützt. Vorangegangen waren unzählige Entwicklungsstunden. Otto Steiff hatte einen solchen mechanischen Bären in einem Londoner Geschäft entdeckt, hergestellt in Frankreich, angepriesen als „Pariser Neuheit". „So etwas müssen wir auch im Programm haben", schreibt Otto Steiff am 12. Oktober 1908 an das Mutterhaus nach Giengen. Dort ist man schon fleißig bei der Arbeit. Hugo Steiff entwickelt einen robusten Aufziehmechanismus: Die Arme sind gleichzeitig der „Aufziehschlüssel" für das Uhrwerk. Neben einem Teddybären werden noch ein Schimpanse, ein Bär und ein Elefant mit dieser Mechanik ausgestattet.

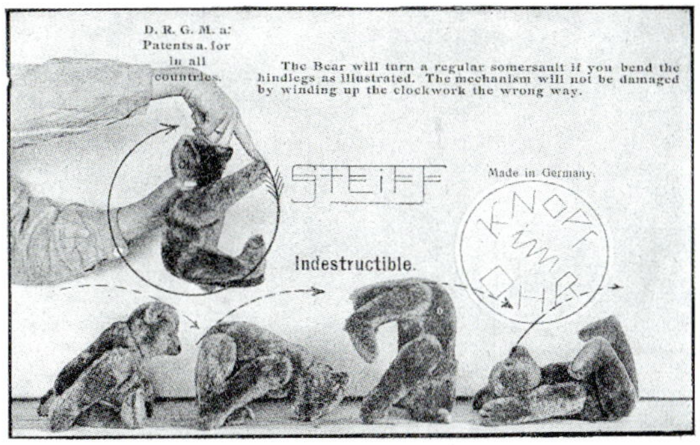

1908: Purzelbären mit Uhrwerk in zwei Größen: „9318" und „9323", angefertigt in den Farben hell- und dunkelbraun sowie weiß.

Uhrwerk-Bären können auch am Trapez turnen. Das Turngerät wurde aber nur bis 1911 mitgeliefert.

Hergestellt werden von 1909 bis 1916 insgesamt 6.419 Purzel-Bären in der Größe „9318". Fast doppelt soviele, nämlich 12.565 Exemplare in der Größe „9323" verlassen im gleichen Zeitraum die Spielzeugfabrik. Noch einmal flackert die Nachfrage 1934/35 kurz auf: 570 Purzel-Bären (in beiden Größen) werden verkauft. Der Freundeskreis des Teddybären wächst und wächst. Auch im kühlen England gelingt es dem Plüschgesellen, die Bewohner im Sturm zu erobern. Nicht nur in London, auch in Manchester und Birmingham. Am 26. November 1909 telegrafiert Margarete Steiff in die britische Hauptstadt, daß eine weitere „größere Sendung Bären" unterwegs sei: „Wir erwähnen, daß im Vorjahr zwischen dem 1. Oktober und Mitte Dezember etwa 40.000 Stück Bären an unser Londoner Lager abgegangen sind. Weitere 25.000 Bären bisher in diesem Jahr. Bis 10. Dezember werden wir unsere Fabrikation forcieren und weitere 7.000 bis 10.000 Stück nach London senden. Hierbei werden wir blond besonders ins Auge fassen und Ihnen vorerst keine weißen mehr zuteilen."

Richard Steiff ist immer auf der Suche nach Ideen, damit die Produktion der Spielwarenfabrik um neue Attraktionen erweitert wird. Er holt 1910 den Münchner Künstler Albert Schlopsnies nach Giengen. Das ist der Beginn der vielleicht fruchtbarsten Ära in der Geschichte des Unternehmens Steiff. Die Zusammenarbeit mit Schlopsnies dauert bis 1923 und wird nur kurz durch den Ersten Weltkrieg unterbrochen. Der junge Künstler beginnt seine Arbeit mit den von ihm konzipierten und mit einem Patent geschützten Pantom-Tieren. Im Grunde handelt es sich um nichts anderes als um Marionetten. Ob Puppen oder Tiere, an Fäden geführt, beginnen sie sich zu bewegen. Bei Steiff wird die Pantom-Methode zur Serienreife gebracht und noch einmal mit einem DRGM geschützt (428 382 vom 16. Juni 1910). In die Fabrikation gehen ein Schimpanse und ein Bär in den Größen 35 bis 40 cm. Das Innere der Pantom-Tiere ist skelettartig verstärkt, um die Bewegung zu erreichen. Zusätzlich erhält der Bär eine Ziehstimme, mit der ein guter Spieler verblüffende Wirkungen erzielen kann. Katalogtext: „Originellstes, lebendiges Spielzeug für jung und alt. Keine zerbrechliche Mechanik... Durch einfache Handbewegungen kann jedes Kind dem Tier sofort die possierlichsten Stellungen geben."

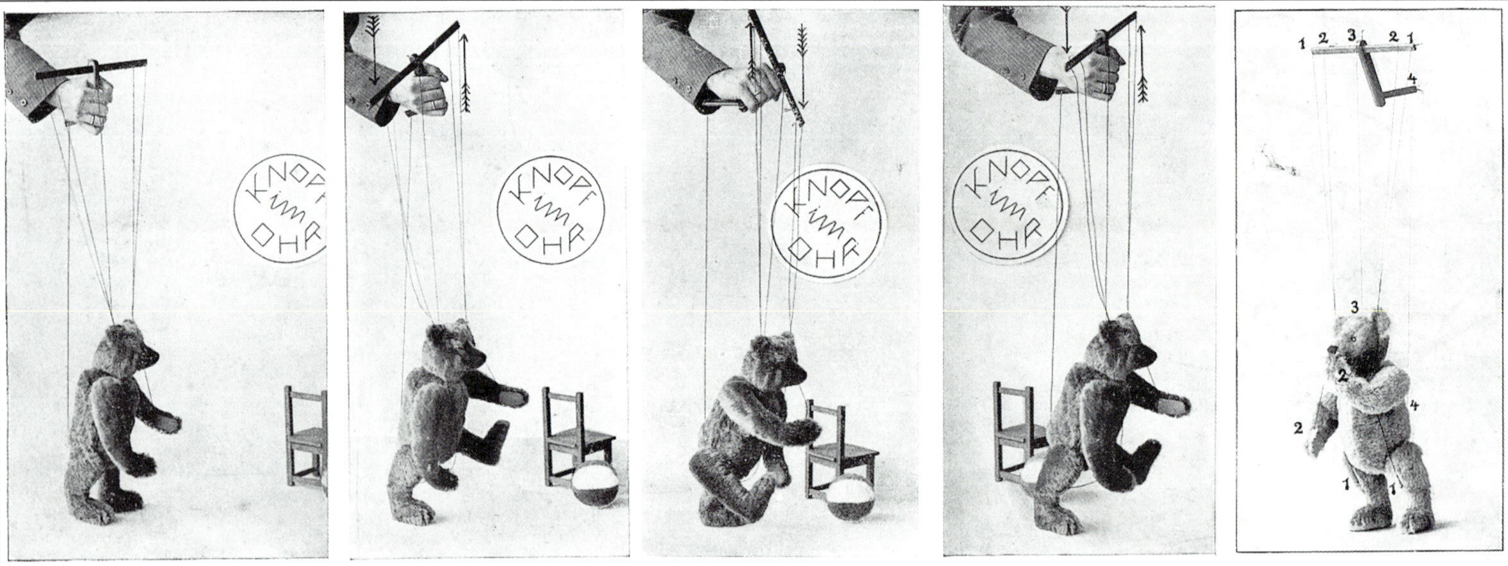

1. 2. 3. 4. 5.

Durch pendelndes Drehen des Holzbügels im Handgelenk und bei entsprechendem Vorwärtsgehen des Spielenden läuft die Pantom-Figur sehr naturgetreu. Figur 1—4.

Um korrekte Gehbewegungen zu erzielen, muß die Hand des Spielenden, während dieselbe die pendelnden Bewegungen ausführt, gleichmäßig und mit gleichem Abstand vom Boden vorwärts gehen, so daß die Pantom-Figur gerade noch den Boden berührt.

Durch Winkelbewegungen, sowie durch Hochziehen einzelner Schnüre mit der andern Hand, werden unerschöpflich viele naturgetreue Stellungen und Bewegungen bewirkt.

Schnüre beim Verwickeln vom Holzbügel loslösen und in numerierter Reihenfolge einhängen. Figur 5.

By oscillating turns of the wooden fork in the wrist and by moving forward accordingly, Pantom will walk in a most life-like manner. Fig. 1—4.

In order to obtain life-like movements, the hand of the person handling the toy, must move forward uniformly, while oscillating the wooden fork. The same distance from the floor has to be kept, so that Pantom just touches the floor.

By angular motions of the wooden fork and by pulling single strings with the other hand, the life-like attitudes and movements can be multiplied almost indefinitely.

In case the strings get mixed up, loosen them from the wooden fork. After doing so, replace them in numerical order. Fig. 5.

Par des mouvements oscillants de la poignée et en allant en avant le Pantom marche très gracieusement. Fig. 1—4.

Afin d'atteindre des mouvements corrects, la main du jouant (pendant que laquelle exécute les mouvements oscillants) doit s'avancer régulièrement en tenant toujours la même distance du plancher de sorte que le Pantom ne touche juste encore le plancher.

En tirant en haut avec l'autre main deux ficelles spéciales et en faisant des mouvements angulaires avec la poignée, il se laisse atteindre de nombreuses gestes et attitudes.

Au cas que les cordes s'embrouillent, lâchez les de la traverse en bois et accrochez les dans l'ordre des numéros. Fig. 5.

Oscillando la forchetta di legno nella mano e avanzandosi nello stesso tempo, la figura Pantom, cammina in un modo molto naturale. Fig. 1—4.

Per fare la figura camminare correttamente, bisogna avanzare la mano simmetricamente, oscillando nello stesso tempo. La distanza dal pavimento deve sempre essere uguale in modo che la figura appena tocca il pavimento.

Movendo la forchetta in maniera rettangulare e tirando alcuni fili speciali coll'altra mano, si possono moltiplicare i movimenti e posizioni quasi al indefinito.

Al produrrsi imbrogli ha da distaccare i cordoni dalla traversa di legno e se li sospenderá nel ordine dei numeri. Fig. 5.

STEIFF

Pantom-Bär 5328 P.

Name und Artikel gesetzlich geschützt. Marke „Knopf im Ohr". Originelles Spielzeug für Jung und Alt. Pantom springt, läuft, sitzt, kratzt, schwatzt. Pantom macht Kunststücke und ist unerschöpflich.

Pantom Bear 5328 P.

Name and Article registered. "Button in the Ear" Brand. Ingenuous Toy for children and adults. Pantom talks, walks, runs, scratches etc. Pantom makes all kinds of funny tricks and is inexhaustible.

Ours Pantom 5328 P.

Nom et article déposés. Marque "Bouton à l'oreille". Jouet amusant pour tout le monde. L'ours Pantom peut sauter, courir, s'asseoir et fait des tours d'adresse les plus drôles.

Orso Pantom 5328 P.

Nome e articolo reg. Marca "Bottone nell'orecchio". Giuocattolo ideale per grandi e piccoli. Orso Pantom corre, salta, parla, graffia ecc. Orso Pantom fa giuochi di destrezza ed è inesauribile.

Bildserie auf der Verpackung der Pantom-Bären. Rechts Teddybär und Puppe als Pantom-Figuren. Albert Schlopsnies persönlich führt die beiden Marionetten.

Zwei Pantom-Bären aus dem Steiff-Archiv: „5336P“ in dunkelbraun und „5328P“ in hellbraun. Der dunkle Teddybär ist nie in Serie gegangen. Interessant das gestickte „Glanzlicht“ auf seiner Nase, das nur auf diesem einen Typen zu finden ist. Der Pantom-Teddybär wurde in zwei Größen produziert: „5325P“ ist 35 cm groß, „5328P“ 40 cm. Hergestellt wurde der Pantom-Bär von 1910 bis 1915. Von der kleinen Größe 605, von der größeren 1.558 Exemplare.

16.6.1910

PANTOM-BÄR

Der Teddybär läßt sich vorführen.

Teddybär „Loring“ ist offensichtlich der einzige Überlebende des sagenumwobenen Dinners im Jahre 1910 in New York. Heute lebt er als hochbetagter Rentner in Australien. Er ist 32 cm groß und entspricht der Steiff-Produktionsnummer „5322,2“.

US-Präsident Theodore Roosevelt galt unter manchen Zeitgenossen als politisches Naturwunder. Wer ihm freundlich gesonnen war, sprach von seiner „Gabe, allem Drama zu verleihen, was er tat". Er war Anwalt des kleinen Mannes, Gewerkschaftsfreund, Gegner von Industriemonopolen, früher Umweltschützer und imperialistischer Außenpolitiker. Er wurde geliebt und gehaßt. Seine Freunde setzten sich bedingungslos für ihn ein, seine Feinde bekämpften ihn mit allen Mitteln. 1905 vermittelte Roosevelt unter „theatralischen Umständen", aber mit Erfolg im russisch-japanischen Krieg und erhielt dafür den Friedensnobelpreis. Dieser Mann, dessen private Leidenschaft die Jagd war, gab dem Teddybären seinen Namen und mit seiner Popularität wuchs auch der Erfolg unseres frühen Plüschfreundes. Als Theodore Roosevelt 1908 auf eine Wiederwahl verzichtet, reist er für ein Jahr nach Britisch-Ostafrika zu einem ausgedehnten Jagdausflug. Seine Rückreise durch Europa als Privatmann gestaltet sich zum Triumphzug. Rom, Paris, dann Oslo. Hier erreicht ihn die Nachricht, daß er als offizieller Vertreter der US-Regierung an der Beerdigung König Edward VII. am 20. Mai in London teilnehmen soll. Fortsetzung der Reise nach Stockholm. Am 10. Mai 1910 beginnt Roosevelts Besuch in Berlin. Da der Tod des britischen Königs die Planungen des Berliner Hofes änderte, wird die Ankunft zu einer „intimen Begrüßungsfeier" mit jubelnder Menge am Stettiner Bahnhof. Dann Einladung zu einem ausgedehnten Frühstück mit dem deutschen Kaiser Wilhelm II. Beide verstehen sich sofort. „Als der Kaiser auf dem Truppenübungsplatz in Döberitz den Ex-Präsidenten vor der Front der Garde begrüßt, macht er ihn darauf aufmerksam, daß vor ihm noch nie ein Privatmann eine Parade deutscher Truppen abgenommen habe." Am 12. Mai Verleihung der Ehrendoktorwürde in der Berliner Universität in Anwesenheit des Kaiserpaares, des Reichskanzlers und zahlreicher Minister. Dann Besuch in England, Teilnahme am Begräbnis Edward VII. Weiterfahrt nach Cambridge, wo die Studenten Theodore Roosevelt im Ehrenhof des Emmanuel-Colleges einen kleinen Plüschteddy verehren. Am 18. Juni kehrt Roosevelt zurück nach Amerika und am 22. Juni Einladung von Robert J. Collier, Verleger des „Collier´s Magazin", für den heimgekehrten Reisenden und seine Begleitung. Dieses Galadinner in New York steht ganz im Zeichen des Teddybären. Jeder Teilnehmer, unter ihnen auch der Naturforscher J. Alden Loring, erhält einen kleinen, 32 cm großen, Teddybären als Gastgeschenk. Loring bewahrt seinen Teddybären lange Jahre auf und gibt ihn später seinen Nichten Priscilla und Lina Loring. Von dort findet Lorings Teddybär, der einzig Überlebende dieses denkwürdigen „Welcome-back-Dinners", ein neues Heim in Australien bei dem Sammler David Worland.

Karikatur aus „The New York Herald", August 1909.

Aus „Punch" 1910. Edward Grey, Großbritanniens Außenminister, trifft auf Theodore Roosevelt während der Beerdigung von Edward VII. in London.

26. Mai 1910: Theodore Roosevelt in Cambridge vor dem Teddybären.

Ob blond, ob braun, ob weiß oder grau - der Teddybär kann in allen Farben geliefert werden. Und die großen Einkaufshäuser in den USA und in England machen regen Gebrauch davon. Eine nicht einfache Situation für die Plüscheinkäufer bei Steiff. Denn die Produktionszeit für den Plüsch beträgt zwischen vier und sechs Wochen. Deshalb werden zunächst die Bestellungen gesammelt, dann nach Farben „sortiert“ und ausgemessen. Nun erfolgt die Plüschbestellung. Wer als Kunde von Steiff Sonderwünsche in Sachen Teddybär-Farbe hat, muß mindestens zwei bis drei Monate warten.

Die „schwarze“ Hitliste:

Mohair:				Sealskin (Kurzplüsch):	
5320 = 30 cm	1912 = 240 Stück	1917 = 8 Stück		5217 = 25 cm	1912 = 583 Stück
5325 = 35 cm	1912 = 139 Stück	1917 = 17 Stück		5220 = 30 cm	1912 = 372 Stück
5328 = 40 cm	1912 = 27 Stück	1917 = 15 Stück		5225 = 35 cm	1912 = 78 Stück
5332 = 46 cm	1912 = 6 Stück	1919 = 56 Stück		5228 = 40 cm	1912 = 12 Stück
5335 = 50 cm	1912 = 82 Stück	1917 = 65 Stück		5235 = 50 cm	1912 = 69 Stück

14.4.1912

SCHWARZ

England trauert mit dem Teddybären um die Titanic-Opfer.

Schwarzer Bär „5228“ in 40 cm, aus dem Steiff-Archiv, mit Schuhknopfaugen und Siegellackschnauze. Dieses Exemplar ist vermutlich das Modell für die spätere Serie, denn alle anderen bisher gefundenen schwarzen Teddybären haben eine gestickte Schnauze und mit rotem Filz unterlegte Schuhknopfaugen.

Mohair-Plüsch wird in alter Tradition bei der Weberei Reinhard Schulte in Duisburg geordert, die ihre Rohstoffe aus England bezieht. Bei Schulte hat man sich auf die Sonderwünsche der Giengener Spielwarenfabrik eingerichtet. Auch Eilaufträge können in der Regel sofort erledigt werden, da von den meisten Farben kleine Vorräte auf Lager gehalten werden. Doch Mitte Mai 1912 trifft bei Schulte eine ungewöhnliche Bestellung ein: Steiff ordert schwarzen Plüsch. Eine skeptische Rückfrage in Giengen ergibt, daß Steiff über 50 Dutzend schwarzer Teddybären nach England liefern muß. Der Grund ist ebenso ungewöhnlich wie tragisch: Der Untergang der „Titanic“. England trauert. 1.503 Personen ertranken, als das britische Passagierschiff am 14. April 1912 mit einem Eisberg kollidierte und dann im eisigen Meer versank. Fast jede angesehene Londoner Familie hat einen Verwandten bei diesem Unglück verloren. Wie immer reagiert die Spielwarenindustrie schnell und marktkonform. Nur einige Wochen später sind schwarze Trauer-Teddybären in den Schaufenstern der englischen Metropole zu sehen. Und finden ihre Käufer.

Amerikanische Präsidentenwahlen haben einen magischen Einfluß auf die Steiff-Produktion. Ein neuer Mann in der Regierung - ein neues Tier von Steiff. Angefangen hatte es mit Theodore Roosevelt und dem „Teddybären“. Nachfolger William H. Taft erhielt von der Presse den Namen „Billy Possum“, weil er so gerne Opossum mit süßen Kartoffeln aß. Aber als am 4. März 1913 Thomas Woodrow Wilson neuer amerikanischer Präsident wird, fehlt für ihn ein passendes Tiersymbol. Steiff weiß Rat: Die Serie „Bär Dolly“ wird kreiert; Teddybären in den amerikanischen Nationalfarben Rot und Blau mit farbiger Halskrause, der Kopf ist immer weiß. Alle haben eine Druckbalgstimme. Größen: 17, 20 und 22 cm (zusätzliche Farben Grün und Gelb). Abgebildet ist ein roter „Bär Dolly“, mit von der Partie einige Standardbären, der Rolly-Polly-Bär von 1909 und ein Bären-Baby von 1910.

Der Druckknopfbär aus dem Jahr 1909 ist nur als Werkmuster im Steiff-Archiv vorhanden. Und zwar in der Größe „5353“ (= 18 cm). Die spätere Replika-Serie basiert auf diesem unvollständigen Modell.

1.3.1913
BÄR-DOLLY

Amtliche Eintragung der Halskrause für Amerika.

Bär „Dolly“ (ganz rechts) ist die Neuheit für die Leipziger Frühjahrsmesse 1913. Angeboten wird der farbige Teddybär mit Halskrause in drei verschiedenen Größen. Die angefertigten Exemplare zwischen 1913 und 1918:
„5317“ = 2.621 Stück,
„5320“ = 2.270 Stück,
„5322“ = 1.555 Stück.
Auf dem Foto links ist auch der Rolly-Polly-Bär von 1909 mit dem Bär-Baby von 1910 abgebildet.

Unerwartet bricht am 2. August 1914 der Erste Weltkrieg aus und stoppt den Aufschwung. Richard, Paul und Hugo Steiff werden sofort als Soldaten einberufen. Materialmangel unterbricht die laufende Produktion. Mohair aus England ist überhaupt nicht mehr zu bekommen, folglich gibt es auch keinen Plüsch. Die Vorräte sind bald aufgebraucht, Exporte verboten. Die Spielwarenfabrik Steiff muß sich den Kriegszeiten anpassen und wird zu Heereslieferungen herangezogen. Um die Rohstoff-Knappheit zu umgehen, werden Ersatzstoffe entwickelt. So entsteht der Bär auf Rädern aus Brennessel-Stoff. Auch nach Kriegsende ist an Mohair-Plüsch nicht zu denken. In der Zeit zwischen 1919 und 1921 benutzt Steiff statt Plüsch den gegen Ende des Ersten Weltkrieges erfundenen Zellstoff-Plüsch aus Holzfasern. Teddybären mit diesem struppigen Gewebe fühlen sich rauh und stachelig an und sind sehr selten. Sie werden in fünf Größen hergestellt.

Billiger Ersatzstoff für die Zeit nach dem Ersten Weltkrieg: Nicht aus Plüsch, sondern aus einem Zellstoffgewebe aus Holzfasern, besteht diese Bärenhaut. Von diesem, heute unter Sammlern geschätzten Exemplar, wurden zwischen 1919 und 1921 insgesamt 19.556 Stück angefertigt. Größe: „5622" = 32 cm (siehe auch Katalogblatt Seite 59).

Dieses Foto vom Marktstand wurde am 17. Oktober 1917 aufgenommen. So ist es in die Glasplatte des Negativs eingeritzt. Der Marktstand ist ein typisches, preiswertes Produkt aus Kriegszeiten. 14 Stück wurden 1912 hergestellt. Zu sehen sind im Regal kleine Tiere auf Holzwagen, darunter auch ein Bärenpaar („1108"), das von 1916 bis 1918 in einer Stückzahl von 575 angefertigt wurde.

Auch der Teddybär muß in den Ersten Weltkrieg ziehen, allerdings nur auf dem Foto. Auf einer Postkarten-Serie von Steiff, unter dem Titel „Der kleine Landsturmmann“, gehört der Plüschfreund zum notwendigen Accessoire des Fotografen.

Unten: Katalogblatt aus dem Jahre 1919 mit Tieren aus Ersatzstoffen.

Teddybären bleiben auch nach dem überstandenen Krieg Mangelware. Die Rohstoffe für die Herstellung fehlen. Verzweifelt versucht das Unternehmen, seine internationale Kundschaft wieder zurückzugewinnen. An eine geordnete Teddybär-Produktion ist noch nicht zu denken. Erst am 26. Januar 1920 kann sich das Unternehmen mit einem Rundbrief wieder bei den Kunden zurückmelden, allerdings mit eingeschränktem Angebot: „Die Preisliste ist zur Zeit in Arbeit und kommt im Februar zur Ausgabe. Sie enthält nur solche Nummern, deren Lieferung in nächster Zeit in Aussicht genommen werden kann. Sie werden ein gutes Sortiment finden in weichgestopften Filz-, Plüsch- und Samttieren, Charakterpuppen. Die Preise mußten leider wiederum eine Erhöhung erfahren."

29.2.1920
LEIPZIGER MESSE

Teddybären in Kurz- und Cellstoffplüsch.

Auch auf der Leipziger Frühjahrsmesse vom 29. Februar bis 6. März wird Steiff wieder ausstellen: „...wie bisher im Messhaus Monopol. Wir bitten um baldige Einsendung Ihrer Aufträge." Geliefert werden können Teddybären aus Cellstoff-Plüsch in Goldbraun („5622"), in Kurzplüsch unter der Nummer „5222" in vier Größen. Die Teddybären aus Mohairplüsch sind zwar im Katalog aufgeführt, aber nur eingeschränkt verfügbar. Erst ab 1921 kann das volle Programm in allen Größen wieder geliefert werden. Doch die Preise erreichen auf Grund der Inflation schwindelerregende Höhen. So kostet 1922 ein einfacher Teddybär sage und schreibe 10.000 Mark. Und wenige Monate später 1,5 Billionen Mark. Prall gefüllte Geschäfte bleiben ein Wunschtraum. Erst 1925, als die Inflation vorbei ist und die wirtschaftliche Lage sich stabilisiert hat, ist wieder alles zu haben. Auch Teddybären.

Ab 1925 wird an allen Artikeln ein rotes Fähnchen befestigt.

Nach einer schweren Herzattacke im Jahre 1922 schockt der behandelnde Arzt Richard Steiff mit der Nachricht, daß er nur noch ein Jahr zu leben habe, wenn er sich nicht sofort aus dem Alltagsstreß zurückziehen würde. Richard Steiff ändert sein Leben radikal. Er verläßt wenige Monate später (1923) das Unternehmen Steiff und seine Heimatstadt Giengen - und kehrt nicht mehr zurück. Mit Frau Else und Tochter Marianne zieht er nach Amerika, um dort zunächst von New York aus die Export-Geschäfte des Unternehmens anzukurbeln. Für die Spielwarenfabrik bedeutet das Ausscheiden Richard Steiffs aus der Geschäftsführung einen schweren Verlust. Nie wieder hat Steiff eine so ungeheure Vielfalt an Spielzeug-Kreationen hervorgebracht wie unter seiner künstlerischen Leitung.

Studien über das Kaufverhalten der Amerikaner gehören nun zu Richard Steiffs neuen Aufgaben. Und er spart nicht an Kritik am heimischen Betrieb in Giengen. Per Brief gibt er umsatzfördernde Ratschläge für die Verbesserung der Plüschtiere. So am 6. Februar 1925 in einem Schreiben an Bruder Paul: „Dann kommt heuer noch dazu die weibliche Moderichtung, also spielerische, nicht rein naturgetreue, elegante Farbzusammenstellung. Zum Beispiel rotes Züngelchen statt bissiger Ausdruck; breiteste Seidenschleife statt solides Bullenbeißerhalsband usw. Unsere Teddys sehen heute in unserem Musterzimmer leer, farblos, nüchtern, reizlos aus. Ich bin geneigt, alle Teddies, die wir noch auf Lager haben, mit herrlichen Seidenschleifen zu versehen, nur dann können wir einen etwas höheren Preis dafür erzielen.“ Außerdem: „Von Weitem muß jedes Kind unsere Ware von Anderer unterscheiden können an der bedeutend feineren Ausführung (z.B. für die Nasen Seidengarn).“ Und er bestätigt, daß die schon vor Weihnachten „gelieferten farbigen Teddys“ bei den Kunden gut angekommen sind. Praktischen Rat gibt Richard Steiff seinem Bruder darüber, wie die Qualität künftig noch zu steigern sei: „Versuche die Verfeinerung der Gesichter (auch von Teddys) nicht bloß mit Belehrungen und Bitten und Schimpfen zu erzielen, denn das reibt den nervenstärksten Mann auf, sondern gib ganz ruhige, geschäftsmäßige Befehle. Und vielleicht durch die Aufstellung eines Mädchens, das zum Beispiel für äußerst pünktliche Näharbeit aller Nasen verantwortlich ist.“
Auch das Privatleben Richard Steiffs zieht wieder in geordnete Bahnen. Seinem Bruder Paul, mit dem er weiterhin Kontakt pflegt, berichtet er am 18. Februar 1927: „Ich bin auch heilfroh, große, gewagte Unternehmungen mit ihren nervenaufreibenden Problemen glücklich hinter mir zu haben und nun imstande zu sein, kleine Ausbesserungen, eine nach der anderen, ohne Hast zu erledigen.“ Und: „Der beste

Richard Steiff.

Weiße, gelbe, blonde und rosa Teddybären, besonders leicht, mit Kapokfüllung, aus langhaarigem Plüsch - sie sind die Lieblinge der „wilden 20er Jahre“.

Reparatur-Mechaniker ist: immer Ruhe, infolge Vertrauens in die Zukunft."

Richard Steiff zieht sich nach kurzer Zeit aus der New Yorker Großstadt zurück und läßt sich in Jackson/Michigan nieder. Hier haben sich seit 1848 viele Schwaben angesiedelt und hier wohnt auch die verwandte Unternehmer-Familie Haehnle (Richards Großmutter war eine Haehnle). In Jackson widmet er sich ganz seinen Hobbys: dem Bowling, dem Kunstschießen und Erfinden. Schon am 31. Oktober 1922 hatte er, damals noch in Deutschland, ein Patent auf ein „Schießgewehr" erhalten (DRP 397450), mit dem der Rückstoß beim Schießen erheblich gemildert wurde. In seinem neuen Heim baut er sich einen eigenen Schießstand. Richard Steiff: „Zum Beispiel konnte ich im Freihandschießen viel besseres leisten als je im Leben und habe die besten Schützen der Welt geschlagen, dutzendmal."

Richard Steiff ... als Amerikaner

Richard Steiff, Vater des Teddybären, meldet sich nur noch sporadisch in Giengen, meist mit Anregungen für ein besseres Design der Plüschtiere und Teddybären, aber auch immer mehr mit lebensphilosophischen Betrachtungen. Zum Beispiel über die ausgewogene Ernährung, die er für einen Grundpfeiler der Gesundheit hält: „Auf Grund meiner Erfahrungen möchte ich heute behaupten, daß hauptsächlich unser heimatlicher saurer Wein und Most Gift nicht nur für uns, sondern für den gesündesten Menschen ist. Nicht aber das Bier und ab und zu ein Schnäpschen!"

Als 1933 die Nationalsozialisten die Macht in Deutschland übernehmen, muß auch das Unternehmen Steiff mit seinen Plüsch-Spielzeugen einen Markteinbruch im Ausland, insbesondere in Amerika, hinnehmen. Richard Steiff am 27. September 1934: „Unser Geschäft hier ist durch die Anti-Hitler-Propaganda auf dem Nullpunkt angelangt."

Insbesondere die jüdischen Warenhäuser in und um New York annullieren ihre Aufträge. Die Überlegungen gehen sogar soweit, daß Steiff in den USA produzieren lassen will. Georg Kolb vom Einkaufshaus Geo. Borgfeldt & Co., New York, das auch die amerikanische Vertretung für Steiff übernommen hat, schreibt am 13. Juni 1933 nach Giengen: „Wir sehen, daß Sie endlich dazu bereit sind, die Fabrikation von Steiffschen Tieren in den Vereinigten Staaten vornehmen zu lassen. Ich bedauere, daß Sie nicht schon vor einigen Jahren Ihre Einwilligung dazu gegeben haben. Hätten Sie dies getan, dann wäre die Steiffsche Ware hier schon längst eingeführt und Sie hätten Ihren Nutzen gehabt. Anstatt dessen haben Sie das Geschäft verloren."

... als Großvater

Richard Steiff soll sich verantwortlich an der Planung des Steiffschen Zweigbetriebes in den USA beteiligen. Dazu wäre auch eine Reise nach Giengen notwendig geworden, um Einzelheiten festzulegen. Doch Richard Steiff weigert sich, nach Deutschland zu fahren: „"Ich kann's nicht machen." Weitere Erörterungen und Diskussionen über Pläne, in den USA eine Produktion aufzuziehen, vereiteln die politischen Verhältnisse im Nazideutschland. Der Geschäftskontakt zwischen Giengen und den Vereinigten Staaten erlahmt und kommt dann völlig zum Erliegen.

Am 31. März 1939 stirbt Richard Steiff im 63. Lebensjahr. Seine Tochter Marianne erinnert sich: „Um 11 Uhr morgens rief uns ein Bekannter, Mr. Newhouse, an, der einen Tabak- und Kramladen um die Ecke hatte. Er berichtete, daß RS (Richard Steiff), als er die Spitze seiner Zigarre eben abschneiden wollte, tot umgefallen sei. Obwohl wir wußten, daß er herzkrank war, kam sein Tod wie ein Schock über uns."

Die lokale Tageszeitung druckt einen ausführlichen Bericht unter der Überschrift: „Richard Steiff - Erfinder, Künstler, Kriegsveteran - verstarb unerwartet. Der Erfinder des Teddybären ist tot!" Sie schreibt: „Steiff besaß viele ungewöhnliche Talente neben seiner einzigartigen Persönlichkeit, die ihm mehrere hundert Freunde brachte." Besonders hervorgehoben wird, daß Richard Steiff im Ersten Weltkrieg vier Jahre lang unter General Ludendorff diente und an der Schlacht um Verdun teilnahm. Auch seine Erfindungen und Schießkünste werden gewürdigt. „Steiff war auch in Bowlingkreisen sehr beliebt, bis ihn seine Krankheit zwang, seinen liebsten Zeitvertreib aufzugeben."

In Deutschland erscheinen in allen einschlägigen Branchenblättern umfangreiche Nachrufe. So im „Wegweiser für die Spielwaren-Industrie": „Mit ihm starb einer der bedeutendsten Pioniere des deutschen Spielzeugs. Ein Mann, der die wichtigsten und heute unentbehrlichsten Typen des Spielzeugs aus der Taufe hob und für diese nicht nur neuartige und großzügige Fabrikationsmethoden, sondern auch ebenso neuheitliche Werbemethoden schuf, die heute noch als vorbildlich dastehen. Am berühmtesten ist seine Schöpfung des Teddybären, heute eine unsterbliche Gestalt der Kinderstube. Schon allein der Teddybär wird diesem Vorkämpfer deutschen Spielzeugs

... als Erfinder

seinen Platz in der Geschichte unseres Faches sichern."
Richard Steiff war ein ungewöhnlicher Mensch. Ideenreich, dem Neuen aufgeschlossen, technikbesessen, ein Meister des Zeichenstifts, voller Humor und menschlicher Wärme - so schildern ihn seine Zeitgenossen. Während er in seinen letzten sechzehn Jahren in Amerika mehr die besinnlichen Seiten des Lebens ohne Hektik und Streß erlebte, war seine Zeit in Giengen erfüllt von Tatkraft, wissenschaftlicher Neugier und unbekümmerter Fröhlichkeit. Als junger Mann war er ein glänzender Schlittschuhläufer und eleganter Tänzer. Dabei lernte er übrigens seine spätere Frau Else kennen.
Er wirkte bei kleinen Theaterstücken als Schauspieler mit, war ein eifriger Jäger und hatte immer zwei bis drei Jagdhunde. Er sang im Männerchor in Giengen und war Mitglied der örtlichen Feuerwehr. Er war Fotograf und einer der ersten Autobesitzer in seiner Heimatstadt, er flog Ballon und Flugzeug, ließ sich von selbst konstruierten Flugdrachen in die Lüfte heben und entwarf neue Steiff-Produkte. Wie sein Bruder Paul konnte er neue Modelle, ob Puppe oder Tier, für die Fabrik konzipieren, ausschneiden, nähen und stopfen.

... als Fotomodell

... als Spaßvogel.

Während des Ersten Weltkrieges hat Richard Steiff einen Motorvergaser entwickelt (er soll darüber sogar mit Gottlieb Daimler korrespondiert haben). Nach Kriegsende wurden in der Steiffschen Metalldreherei Schlauchventile für Fahrräder hergestellt. 1921 entstand daraus auf Betreiben von Richard Steiff eine eigene Fabrik (Produktion: Fahrradventile, Pumpennippel, Steiff-Feuerzeuge) mit dem Namen Alligator-Ventilfabrik, die heute noch besteht. Damit sollten damals Arbeitsstellen geschaffen werden, weil die Spielwarenfabrik zu sehr an der saisonalen

... als Chemiker

Auftragslage litt. Bis zu seinem Umzug nach Amerika trug Richard Steiff nur selbstentworfene Jacken, die hochgeschlossen waren. Er trug nie Krawatten, weil er sie für „unrationell" hielt. In den USA gab er diese Eigenheit auf, weil hier der geschlossene Kragen nur von Pfarrern getragen wurde. Auch sein dicker Schnurrbart wurde in Amerika immer kürzer geschnitten, um „weniger aufzufallen". In seiner Werkstatt in Jackson baute sich Richard Steiff eine elektrische Schreibmaschine nach eigenen Plänen, auf der er dann auch seine Briefe an die Firma Steiff in Giengen schrieb. Im Keller seines Hauses richtete er sich einen eigenen Schießstand ein, um niemand bei seinen Experimenten zu belästigen oder zu gefährden.
Seine Meinung über Frauen war ungewöhnlich: Frauen werden es zu nichts bringen, weil sie keine Taschen in ihren Kleidern haben, erzählte er seiner Tochter Marianne, der er schon im zarten Alter von acht Jahren die Relativitätstheorie zu erklären versuchte. Er selbst trug immer ein Federmesser, eine eigenhändig entworfene Zange aus Aluminium und einen Schraubenzieher bei sich, um gegen die „täglichen Probleme des Lebens" gewappnet zu sein. Richard Steiff wird unvergessen bleiben!

28.2.1926

Teddyclown

Der Teddybär als Spaßmacher auf der Leipziger Frühjahrsmesse.

Der lustige Teddyclown wird 1926 zunächst unter der Bezeichnung „Teddyclon“ auf dem Markt eingeführt. Braun gespitzter Plüsch, Kapokfüllung und ein fröhlicher Clownhut sowie eine farbige Halsrüsche in Rot oder Blau, wird der fröhliche Geselle in den Größen 22 bis 115 cm angefertigt (Fabrik-Nummer „5322,1K“ - das „K“ steht für Kapokfüllung). In den Plüschfarben Rosa und Gelb wird der Teddyclown nur in den Größen 33, 36, 44 und 48 cm produziert (in allen Ausfertigungen bis 1928 insgesamt 30.000 Stück).

Richard Steiffs Vorschläge, Teddybären und Tiere dem amerikanischen Zeitgeist anzupassen, bleiben in Giengen nicht ungehört. Neuer Gesichtsausdruck und kleine, aber auffällige Accessoires bei den neuen Modellen sind die erste Reaktion der Entwicklungsabteilung. Am 7. Januar 1928 wird zum Beispiel der Teddybär „Buschy" als Geschmacksmuster wie folgt geschützt: „Drahtohren, blaue Augen, Stupsnase und rote Schleife." Doch der Name „Buschy" läßt sich nicht gut vermarkten, die Kundschaft bleibt aus. Aus „Buschy„ wird „Petsy" (geschützt als Warenzeichen am 11. November 1928), das Bärenbaby.

„Petsy" ist gegliedert, weich gestopft, aus langhaarigem braungespitztem Mohairplüsch mit großen Ohren aus formbarem Draht, roter oder schwarzer Nase, blauen Augen und Druck- oder automatischer Brumm-Stimme. Die Größen: 15, 17, 20, 22, 25, 28, 32, 35, 43 und 50 cm (Sitzhöhe). Auch als Rekord-Fahrer oder Handspiel-Puppe. Bis 1930 insgesamt 10.688 Exemplare.

Petsy, das Bärenbaby, ist eine Weiterentwicklung des klassischen Teddybären. Das Foto links zeigt Petsy einmal mit blauen (rechts) und einmal mit braunen Augen (links). In der Mitte ein Vorläufer des Bärenbabys, dessen besonderer Kopfschnitt mit drei- und vierteiliger Kopfnaht den kindlichen Bärentypen zeigt. Dieser Baby-Teddybär ging aber nicht in Serie.

Fast in jedem Jahr wird ein neuer Steiff-Katalog herausgegeben. Darin aufgelistet alle lieferbaren Artikel in allen Größen und Ausführungen. Am 7. Juli 1929 läßt sich Steiff seinen neuen Katalog „D 9", als Geschmacksmuster schützen. Zu oft schon haben Konkurrenten auch den Steiffschen Katalog täuschend ähnlich für ihre Produkte nachgeahmt. „D 9" hat 48 Seiten Umfang, einen farbigen Umschlag und die Seiten sind mit Metallklammern geheftet. Im gleichen Jahr erscheint das Steiff-Bilderbuch „Teddy und Verwandte reisen durch die Lande". Auf 28 Seiten werden 12 farbige Fotos mit Teddybär-Szenen gezeigt. Den Text reimt Hans Meixner.

Ein Vierteljahrhundert trennt diese beiden, wunderbar erhaltenen goldblonden Teddybären. Rechts „5350,2“ von 1925 (rotes Fähnchen) und links „5375,2“ nach dem neuen Schnitt von 1950 (gelbes Fähnchen). Der Unterschied der beiden Bären wird besonders deutlich am Gesichtsschnitt und an der Garnierung. Der linke Teddybär hält den Steiff-Katalog von 1929 in seinen Armen, ein persönliches Exemplar von Paul Steiff mit vielen handschriftlichen Anmerkungen. Rechts das Steiff-Bilderbuch.

7.7.1929

STEIFF-KATALOG

Der Teddybär präsentiert sich im neuen Katalog und Buch.

Das „Teddy-Baby" ist der lustigste Geselle unter den Steiff-Teddybären. Auf Anregung von Richard Steiff, doch endlich lebendige, lachende Gesichter zu entwerfen, entsteht eine ganze Teddybär-Serie, die mit ihrer Fröhlichkeit groß und klein in ihren Bann zieht. Beim Amtsgericht in Heidenheim kann man in den Akten nachlesen: „Teddy-Baby 1. stehend, Mohairplüsch, mais; 2. stehend, Wollplüsch, mais, Druckstimme; 3. dunkelbraun mit maisfarbenem Gesicht und maisfarbenen Tatzen und 4. dunkelbraun mit weißer Baby-Mütze, hellbraunes Gesicht und Füße." Die ersten „Teddy-Babys" tragen auf ihrem Steiff-Anhänger den Zusatz: „D.R.P. a." (= DRP angemeldet). Exemplare mit diesen Buchstaben gehören zur ersten Serie. Ein Patent auf das „Teddy-Baby" wird am 17. September 1929 beantragt, aber abgewiesen. Das Patentamt ist der Meinung, daß näherische Fähigkeiten wie Zwickel und Abnäher nicht patentfähig seien, sondern zum Handwerk eines Schneidereifachmannes gehören. Deshalb wird jetzt die Bezeichnung „Teddy-Baby ges. gesch." (= gesetzlich geschützt) auf den Steiff-Anhänger gedruckt. Es entstehen viele Arten von lachenden Teddybären - zum Beispiel mit offenem Maul und Filzzähnen (oben und unten). Andere tragen Kleid oder Hose, rosa Pantoffeln und weißes Lätzchen. Auch verschiedene Halsschleifen (Anregung Richard Steiff) finden Verwendung. „Teddy-Baby" bleibt bis in die 50er Jahre Star in der Steiff-Kollektion. Größen: 8, 10, 13, 15, 18, 20, 25, 29, 32, 35, 42 und 45 cm. „Modell eines sprechend-lebenswahren drolligen Jungbären, freundliches Gesicht, steht aufrecht oder sitzt nach Wunsch."

23.8.1929

Teddy-Baby

Teddy als drolliger Jungbär.

Die Teddy-Babys auf diesen beiden Seiten sind entweder Prototypen oder Kleinserien. Ganz links: Das lachende Baby mit Filzzähnen (geschützt am 17. Dezember 1929) Nr. „6329,2“ wurde nur in 25 Exemplaren hergestellt. Ziemlich ernst schaut das Baby rechts daneben aus. Es ist aus Wollplüsch („7534,2“) von 1931 und nur als einmaliges Muster vorhanden.

Schon im Jahr 1928 entstand das Teddy-Baby, das auf dieser Seite oben abgebildet ist (geschützt am 10. Februar 1928). Es ist ein Prototyp, aus Wollplüsch hergestellt und trägt die Nr. „7532,2“. Ebenfalls ein Einzelstück ist das links abgebildete Teddy-Baby mit blauer Augenmaske („7322,2“) von 1929. Weitere Teddy-Babys in gleicher Ausführung, aber ohne Maske, sind in den Farben Weiß, Mais und Dunkelbraun in Serie gegangen.

Teddy-Baby gekleidet. Geschmacksmuster-Eintrag am 28. Februar 1930. Mädel (Katalog-Nr. „7320,21“) und Bube („7320,62“). Vom Mädel wurden von 1929 bis 1932 insgesamt 357 Stück angefertigt, vom Buben 354 Stück. Auf der Halsmarke aus Papier aufgedruckt „D.R.P.a.“ (= Deutsches Reichs-Patent angemeldet).

Teddy-Baby Größen

1931 (sitzend gemessen)
Mohairplüsch, mais,
weiß, dunkelbraun

	stehend cm
7307	8
7308	10
7310	13
7312	15
7315	18
7317	20
7320	25
7322,2	29
7325,2	32
7328,2	35
7332,2	42
7335,2	45

Derselbe in feinem Wollplüsch,
weiß, mais und dunkel

7515	18
7517	20
7520	25
7522,2	29
7525,2	32
7528,2	35
7532,2	42
7535,2	45

1934/35 (stehend)
Mohairplüsch, mais
oder dunkelbraun

	stehend cm
7309	9
7312	12
7313	13
7315	15
7320	20
7322	22
7325	25
7330,2	30
7335,2	35
7338,2	38
7340,2	40
7345,2	45

Einige Teddy-Babys aus dem Steiff-Archiv haben eine 6000er Nummer (6 = jung). Im Katalog von 1929 werden nur diese Nummern geführt. In den folgenden Jahren werden daraus 7000er Nummern. Teddy-Babys aus Wollplüsch wurden nach 1934 nicht mehr hergestellt.

Teddy-Baby „7320“, Geschmacksmuster vom 28. Februar 1930. Auf der Halsmarke „ges. gesch.“.

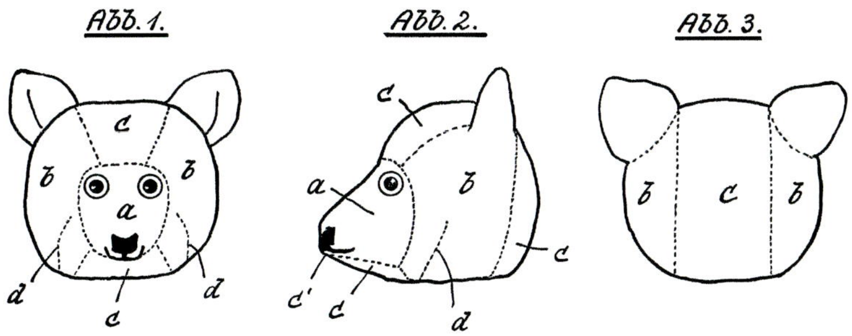

Zeichnung aus der Patent-Anmeldung vom 17. September 1929. Der Schnitt des Kopfes sollte geschützt werden.

17.9.1929

Teddy-Baby Patentanmeldung

Teddy-Baby ohne Patentschutz.

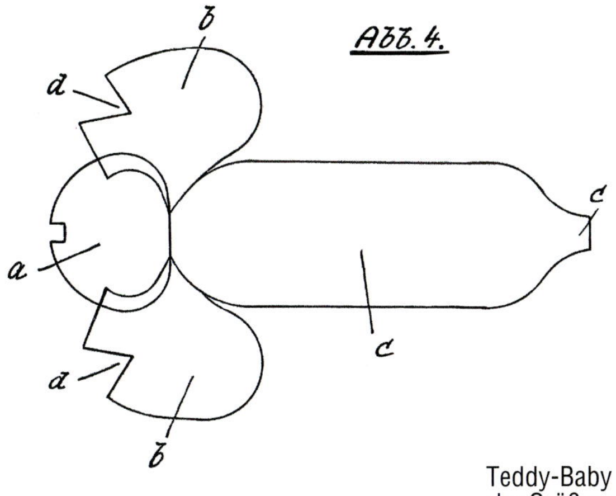

Teddy-Baby „6520" in der Größe von 25 cm. Auf der Halsmarke aufgedruckt: „D.R.P.a.".

Teddy-Babys lachend „7315" und „7312" vergnügen sich im hölzernen Steiff-Flugzeug „981".

Bei Sammlern beliebt sind die Teddy-Babys mit offener Schnauze. Welches Modell sich allerdings besonders gut verkaufte, geht aus den Stücklisten im Steiff-Archiv nicht hervor. Augenfälliges Merkmal dieser Serie ist das Lederhalsband mit Glöckchen. Das Foto zeigt eine Auswahl verschiedener Größen und Plüschsorten aus der Zeit von 1930 bis 1949. Das 2. von rechts in der hinteren Reihe ist aus Kunstseidenplüsch und wurde 1948 hergestellt.

TEDDY-BABYS

Auf einer fahrbaren Schaukel fühlen sich der Affe und der Teddybär offensichtlich wohl. „Wigwag“ heißt das Spielzeug („1012“), das von 1926 bis 1928 verkauft wurde (330 Stück).

Roly-Droly „1212“, zwei kleine Bären drehen sich auf Scheiben. Hergestellt von 1926 bis 1933 (4.953 Stück).

Urteddy „9320“, ein Uhrwerkspielzeug. Von 1926 bis 1929 insgesamt 1.593 Stück.

Der Rekord-Bär steht immer im Schatten von Rekord-Peter, dem Affen, der die höheren Produktionsziffern vorweisen kann. Vom Rekord-Bären gab es sechs verschiedene Größen.

10 cm:	1924 - 1927	=	1.870 Stück
15 cm:	1924 - 1927	=	2.623 Stück
20 cm:	1916 - 1918	=	1.315 Stück
25 cm:	1913 - 1915	=	12.755 Stück
30 cm:	1913 - 1915	=	253 Stück
35 cm:	1913 - 1915	=	138 Stück

Ganz rechts auf dem Foto das Rekord-Teddy-Baby, das in zwei Ausführungen bekannt ist:

20 cm:	1929 - 1933	=	1.131 Stück
25 cm:	1929 - 1933	=	610 Stück

Bewegung

Der Teddybär macht mobil.

Der „Tali-Bär" ist der Talisman für jeden Roller- und Radfahrer. Hier sitzt er auf der Lenkstange eines Steiff-Tretrollers. Mit der metallenen Klammerhalterung ist er fest verbunden. 10 cm mißt der „Tali-Bär", er wurde 1925/26 in 6.451 Exemplaren hergestellt. Die beiden anderen Teddybären begleiten den kleinen Talismann aus Plüsch bei seiner Ausfahrt.

Keep smiling - Bitte lächeln. Das ist das fröhliche Motto von „Dicky“, dem Sympathie-Träger aus dem Teddybär-Programm der 30er Jahre. Mit breitem, lachenden Mund zieht „Dicky“ jeden Betrachter in seinen Bann. Trotz seines gewinnenden Aussehens sollte er eigentlich eine Billig-Version für den schmalen Geldbeutel werden. Der neue Kopf mit den grinsenden Gesichtszügen wurde am 2. Juli 1930 als Geschmacksmuster vor der Konkurrenz geschützt. „Dicky“ gibt es in zwei Farben: blond und weiß. Das Besondere sind seine bemalten Pfoten. Größen: Blond 15, 20 und 23 cm; Blond und Weiß 25, 30, 33, 35, 40 cm. Eine Kleinserie mit kurzer Schnauze und kurzem Plüsch wird 1936 in den Größen 25, 30 und 32 produziert, einige haben eine Doppelton-Brummstimme (Größen 35 und 43 cm). Von 1930 bis 1936: Blond 14.646 Exemplare, Weiß 11.029 Exemplare.

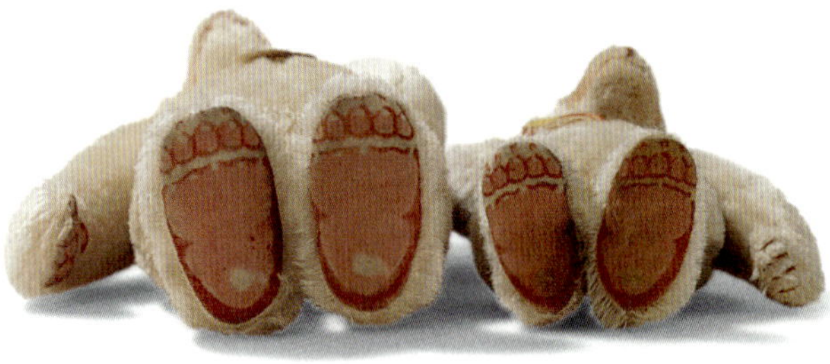

Dicky-Bären in weiß „5317“ und „5322“ mit Detailfoto von den bemalten Pfoten.

Dicky-Bären als Neuheit im Jahre 1935 aus dunkelbraunem Wollplüsch („Braunbär“). Die Größen:

5525: 1939 - 1941 = 139 Stück
5532: 1935 - 1941 = 1.350 Stück
5543: 1935 - 1941 = 412 Stück

2.7.1930
DICKY

Der lächelnde Herzensbrecher.

Immer gut gelaunt beim fröhlichen Turnspiel: Dicky-Bären in den Größen 5315, 5317, 5322, 5325, 5335.

Zwei Teddybären beim Spielen überrascht. Oben der gute, alte, traditionelle Original Steiff-Teddy vor 1914 „53322“ in 46 cm Größe mit dem Radspielzeug „Flinko“ von 1925. Unten, sehr stämmig und kräftig, ein weißer Teddybär, der Anfang 1930 entstanden ist „5365,2“. Sein Spielzeug ist „Boy auf Rad“, ein Unikat aus dem Steiff-Archiv.

Ein neues Meß-System bei den Teddybären soll den Anforderungen an Produktion und Erzeugnissen, aber auch den Kundenwünschen Rechnung tragen. Teddybären von Steiff werden künftig stehend gemessen. Das Nummernsystem selbst bleibt unverändert, doch die Fähnchen ändern die Farbe. Gelb ist jetzt angesagt. Das Foto zeigt braune Teddybären von 1930 bis 1934 auf der Leiter des weltweiten Erfolges.

Die Beweglichkeit eines Zirkusbären nachzuahmen - eine schwierige Aufgabe für einen Teddybären. Doch die Entwicklungs-Abteilung bei Steiff wußte Rat. Die bewährte Halsmechanik aus der Zeit um 1910 wurde wieder aus der Versenkung geholt. Eingebaut in einen Teddybären, ergab sich daraus ein Zirkus-Bär, der seinen Kopf in alle möglichen Richtungen drehen konnte. Geschützt als Geschmackmuster beim Amtsgericht in Heidenheim am 23. August 1935.

Der stärkste Teddybär der Welt ist bekannt unter dem Namen „Zirkus-Bär" „8332H". Er mißt 32 cm und wurde von 1935 bis 1939 in 897 Exemplaren hergestellt.

23.8.1935

ZIRKUS-BÄR

Manege frei für den Teddybär.

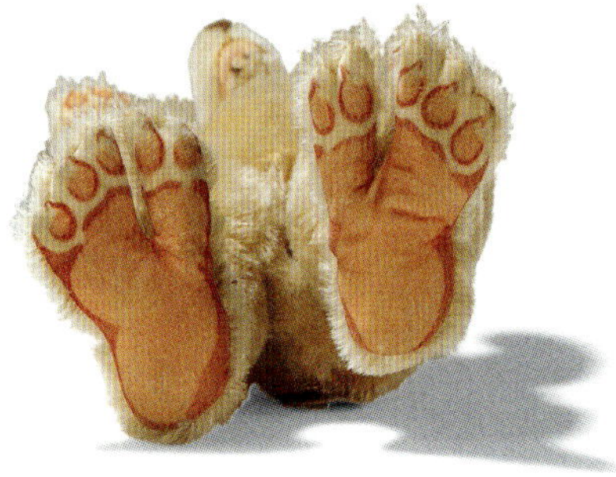

Nur zwei Exemplare sind im Steiff-Archiv von diesem außergewöhnlichen Dicky-Bären „7525H“ vorhanden. Dreht man seinen Schwanz, bewegt sich der Kopf. Außerdem hat er sogenannte Schnappglieder an Pfoten, Füßen und Maul. Damit kann er kleinere Gegenstände, wie zum Beispiel eine Mütze, festhalten. 25 cm groß ist dieses Multitalent, das nie in Serie gegangen ist.

Der Ausbruch des Zweiten Weltkrieges bedeutet für die Spielwarenfabrik absoluten Stillstand. Das Mohair, Grundmaterial zum Weben von Plüsch, ist bisher immer aus England bezogen worden. Doch die Einfuhren sind gestoppt, man muß auf Vorräte zurückgreifen. Steiff am 15. Januar 1941 in einem Rundbrief an seine Kunden: „Wir haben alles aufgeboten, um eine bestmögliche Belieferung sicherzustellen. Unsere Kollektion mußte im Laufe des Jahres 1940 ganz wesentliche Einschränkungen erfahren, teils wegen Mangel an Arbeitskräften, teils weil die bisher verarbeiteten Rohstoffe nicht mehr erhältlich sind. In der 2. Hälfte des Jahres 1940 mußten wir uns auf Kunstseidenplüsch umstellen." Das Unternehmen bittet seine Kunden, die Aufträge möglichst klein zu halten, „da wir über Lagervorräte nicht verfügen." Im Angebot von 1940 sind an Teddybären aufgeführt: „Teddy blond 5310, weiß oder braun in den Größen 25, 30, 35, 45 und 50 cm". Steiff-Werbung 1941: „Steiff-Teddy, der erste Teddybär der Welt; der schöne, dauerhafte Spielfreund von Generationen. Steiff-Tiere sind das Entzücken aller Kinder, weil sie alle Zärtlichkeiten aushalten, ohne Form und Ansehen zu verlieren. Der Knopf im Ohr bürgt für langen freudigen Besitz."

Der kleine Tennisstar aus blondem Kunstseidenplüsch trägt die Fabrik-Nr. „5630,2". Er ist ein Nachkriegsmodell. Im Jahr 1948 wurden 22.221 Stück produziert.

Aus Glanzplüsch ist der Teddybär links von 1948 gefertigt „5625,2", sein weißer Kollege, ganz aus Wollplüsch „5530", wurde 1940 entwickelt, ging vermutlich aber wegen Materialknappheit nicht in Serie.

Teddy „5650,2" aus blondem Kunstseidenplüsch. Hergestellt 1948 in 587 Exemplaren.

Nur langsam beginnt die Produktion bei Steiff nach dem Zweiten Weltkrieg wieder auf Touren zu kommen. Mangelnde Rohstoffe, die Auflagen der Alliierten und eine Kundschaft, die mehr am Wiederaufbau, als an Teddybären interessiert ist, erschweren den Neustart. Steiff versucht, auch im Ausland wieder Fuß zu fassen, denn Exportaufträge bringen nicht nur Devisen, sondern auch die Möglichkeit, Genehmigungen für den Rohstoff-Einkauf zu erhalten.

Dazu gehört auch die Schweiz. Doch was die Steiff-Vertreter dort zu hören bekommen, ist alles andere als ermutigend. Aus einem Reisebericht aus dem Jahre 1949 geht eindeutig hervor, daß Steiff-Teddybären offensichtlich auf die Verliererseite gerutscht sind: „Einige Sorge muß uns die Tatsache bereiten, daß Steiff-Teddybären sehr schlecht beurteilt werden, während andere Fabrikate, insbesondere Czukà-Bären, als besser und schöner hingestellt werden. Wie schon von deutschen Kunden gehört, werden die Arme als zu lang bezeichnet, ebenso sei der Hals zu lang und der Kopf zu klein. Es scheint eine Geschmackswandlung eingetreten zu sein, hervorgerufen durch eine lange Zeit der Versorgung mit anderen Fabrikaten. Wir müssen dieser Tatsache unsere sofortige Aufmerksamkeit schenken.... Teddy 5310 und Schimpanse 5310 sind zu mager und müssen wahrscheinlich aus Schulte-Plüsch gemacht werden.“ Das Ergebnis dieser kritischen Anmerkungen: Eine völlig neue Produkt-Linie, die insbesondere die 50er Jahre bestimmen wird.

Teddybären von Steiff gibt es 1949/50 schon wieder in den Farben Weiß, Blond oder Dunkelbraun und in acht Größen: „5310“, „5315“, „5323“, „5325“, „5330,2“, „5335,2“, „5343,2“, „5350,2“. Der Skifahrer ist der Bär 5330,2 von 1949.

7.7.1949

KRITIK

Der Teddybär sucht einen neuen Schnitt.

Steiff sucht Anschluß an die alten Vorkriegsmärkte. Neue Teddybären entstehen im Musterbüro. Ein interessantes Exemplar ist dieser Bär, der am 18. September 1949 entstand. Er trägt die Nr. „5335,2 IV“, ist 45 cm groß, jedoch nicht in Serie gegangen.

Um erneut Anschluß an die Weltmärkte zu bekommen, wird in der Entwicklungs-Abteilung von Steiff Tag und Nacht gearbeitet. Den Vorwurf, keine marktkonformen Teddybären zu produzieren, will man nicht auf sich sitzen lassen. Und am 17. November 1950 dann Premiere: Das neue Teddybär-Design wird an diesem Tag als Geschmacksmuster auf dem Amtsgericht in Heidenheim geschützt. Einzelheiten werden eingetragen: Zunächst nur in Caramel und in den Größen „5322" und „5335,2". Und für die Nürnberger Spielwarenmesse steht dann ein komplettes Programm im Regal, das die Kundschaft überzeugt. Und zwar in den Farben Caramel, Weiß und Blond. Die Größen: 10, 15, 22, 25, 28, 35, 43, 50, 65 und 75 Zentimeter. Beachtenswert das neue, weiße Stoff-Fähnchen: „made in US-Zone", befestigt am Körper. Der rundum erneuerte Teddybär, der jetzt die Spielwarengeschäfte erobern will, hat einen großen runden Kopf, eine runde Schnauze, kürzere Arme und Beine als sein Vormodell und einen nur ganz leicht angedeuteten Buckel.

„Auf Wiedersehen" winkt der kleine Bär links, der noch nach dem alten Schnitt entstanden ist. Die beiden Teddybären rechts (50 und 43 cm groß) sind nach dem neuen Design gefertigt, das die 50er Jahre bestimmen wird.

17.11.1950
DER NEUE TEDDYSCHNITT

Zwei blonde Teddybären im Vergleich: links „5350,2“ (70 cm) von 1925, rechts „5375,2“ (75 cm) von 1950.

Keine Lieferprobleme mehr bei Steiff: Fröhlicher Transport von Teddybären aus den 50er Jahren.

Der Nachkriegsmarkt ist offen für alles, was hergestellt werden kann. Es gibt zuviel nachzuholen, die entbehrungsreichen Kriegsjahre haben zu viele Wünsche offengelassen. Teddybären mit Bewegung - bei Steiff erinnert man sich an den Purzelbären, der bis 1939 noch vereinzelt in den Größen 18 und 23 cm geliefert werden konnte. 1951 dann kommt die kleinere Version unter dem Namen „Turbo-Bär", „9315,4" in 15 cm in die Auslieferung. Aber die Bestellungen bleiben rar: nur 814 Exemplare können bis 1953 verkauft werden. Der Purzelbär trägt eine rote Fliege. Eine kleinere Version in 12 Zentimeter befindet sich im Steiff-Archiv, ist aber wohl nie produziert worden.

Ein Veteran aus den 20er Jahren ist dieser Musikbär „5320,2", der am 7. Januar 1928 als Geschmacksmuster eingetragen wurde. Auf dem Arm genäht das Original Etikett mit der Nummer der Registrierung beim Amtsgericht in Heidenheim: „1077". Durch Druck und Loslassen wird ein Schweizer Musikwerk in Aktion gesetzt. Eine Melodie ertönt. Von 1928 bis 1930 werden insgesamt 307 Exemplare hergestellt.

1950/51

MUSIK-BÄREN

Der Teddybär macht Musik und schlägt Purzelbäume.

Musik-Bär aus den 50er Jahren. Unverkennbar der neue Schnitt der 50er Jahre. Er ist caramelfarben, trägt die Nr. „9335,3“ und wird in der Zeit von 1950 bis 1961 in größeren Mengen verkauft.

Musik-Bär nach Art des Teddy-Babys. Allerdings: dieser Bär hat keine Beine. Im Körper ist das Musikwerk untergebracht. Die Melodie ertönt beim Auf- und Niederdrücken. Von 1950 bis 1952 337 Stück angefertigt.

STEIFF-ORIGINAL-MARKE
Nimrod Teddy

1903 - 1953
50 Jahre
Steiff Teddy

Jackie - der Jubilee-Teddybär aus cremefarbenem Mohair wurde in vier Größen produziert:

5317 = 22.862 Stück
5325 = 16.401 Stück
5335 = 5.688 Stück
5375 = 429 Stück

Zum Jubiläumsjahr wird 1953. Genau 50 Jahre ist es her, daß die ersten Teddybären 1903 nach USA verkauft wurden. Und der Teddybär ist noch so jung wie am ersten Tage. Ein Anlaß, bei Steiff einen besonderen „Jubiläums-Bären" zu kreieren, nämlich „Jackie", den Jubilee-Teddy. Natürlich muß dieser Bär mit dem neuen Design auch geschützt werden. Als Geschmacksmuster wird er am 27. März 1953 registriert. „Jackie" ist ein drolliger Jungbär, der in vier verschiedenen Größen hergestellt wird. Ein anderer Bär aus laufender Produktion wird in Jägerkleidung gesteckt und als „Nimrod"-Teddy mit vier unterschiedlichen Kleidungen ausstaffiert. Katalogtext: „Solche Gruppen stehen auf der Hochzeitstafel im Hause Roosevelt, wobei der Teddybär seinen Namen erhielt (Theodore = Teddy)." Inzwischen weiß man, daß es sich bei dieser Geschichte um einen Werbegag von Steiff handelt, denn diese Hochzeit hat nie stattgefunden.

27.3.1953

JACKIE

Goldenes Jubiläum für den Teddybär.

Anläßlich des 50jährigen Erstverkaufs des Teddybären wird von der Firma Steiff eine kleine Festschrift in sieben Sprachen herausgegeben.

Nimrod-Teddy, „5322N", von 1953. 4.351 Stück wurden von diesem, als Jäger ausstaffierten, Teddybären verkauft (siehe auch Seite 96/97).

Eine Neuauflage wird die Anwendung der Halsmechanik, die am 17. Januar 1931 von Hugo Steiff zum Patent angemeldet wurde. Was jedermann für undenkbar hielt: Der Teddybär erhält einen Schwanz. „Die sinnreiche Halsmechanik macht die Steiff-Tiere lebendig" lautet der Werbespruch. Und zu dieser Mechanik gehört nun eben ein Schwanz. In den 30er Jahren hatte Steiff alle möglichen Tiere (insgesamt 25) mit dieser Halsmechanik ausgestattet: „Wenn am Schwänzchen gedreht wird, erscheint der Hund lebendig. Er bewegt den Kopf." Doch der Mechanik-Einsatz beim Teddybären schien damals unmöglich. Denn der Teddybär hat nun einmal keinen Schwanz. Doch Steiff macht´s möglich. Am 1. März 1954 wird der Teddybär mit Schwanz und Halsmechanik als Geschmacksmuster eingetragen. Und natürlich auch hergestellt. Doch ein großer Erfolg wurde diese Serie nicht. Angeboten in den Größen 18 bis 25 cm, verließ der zweckentfremdete Teddybär mit Schwanz und Halsmechanik wieder die Steiffsche Bühne. Und ward nicht mehr gesehen.

1.3.1954

KOPFBEWEGUNG

Der Teddybär trägt Halsmechanik.

In Pose für den Fotografen: Teddybär „5318H“ und „5325H“ wollen sich auf Celluloid verewigen. Von 1955 bis 1956 wurden insgesamt 3.959 Exemplare ausgeliefert.

Erstes Teddybär-Festival in Deutschland am 8. Juni 1958. Steiff organisiert zum 100. Geburtstag von Präsident Roosevelt ein Volks- und Kinderfest mit Umzug, Tanzvorführungen, Musik und kunterbuntem Kinderspaß. 25.000 Zuschauer erleben einen Festtagszug ganz im Zeichen des Teddybären und der Steiff-Produktion. Voran geht eine amerikanische Militärkapelle, es folgt, unter dem Jubel der Menge, eine Kutsche mit Bürgermeister Schmid und Geschäftsführer Hans-Otto Steiff. Dann einzelne Wagen mit einer Plüsch-Werkstatt, es folgt die Reiterfigur Theodore Roosevelts, dann eine Teddybär-Königin und weitere populäre Szenen mit Steiff-Erzeugnissen. Der Tag ist ein Höhepunkt in der Geschichte Giengens. Noch nie hat man so viele Menschen in den Mauern der ältesten Stadt des Brenztales gesehen.

Am Vorabend des Rooseveltschen Geburtstages dann, am 26. Oktober 1958, findet eine weitere, offizielle Gedenkfeier in Giengen statt. Dieses Mal ohne Umzug oder Festzelt. Es wird ein Treffen der Honoratioren. Die Heimatzeitung „Brenz-Bote" schreibt: „Am vergangenen Sonntag, dem Vorabend des 100. Geburtstages von Theodore Roosevelt, gedachten in einer gemeinsamen Gedenkfeier Beauftragte des amerikanischen Konsulats in Stuttgart und der Botschaft in Bonn zusammen mit der Stadt Giengen und der Firma Margarete Steiff in Anwesenheit der Vertreter des Landrats, der Giengener Industrie, der Schulen und der Konfessionen durch Enthüllung einer Bronze-Büste im Rathaussaal des 26. amerikanischen Präsidenten, um damit zum Ausdruck zu bringen, welche Verbundenheit zwischen hüben und drüben diesem Mann zu verdanken ist, der den Teddybären der Firma Steiff mit seinem Kosenamen 'Teddy' taufte."

Für Giengen wird es eine Feier der Superlative. Fabrikant Hans-Otto Steiff begrüßte die Gäste und vergaß nicht, in seiner Rede auch dem Schöpfer und Gestalter des Teddybären, Richard Steiff, zu gedenken, „der dieses Spielzeug aus seinem tiefen Verständnis für die Kinderseele und einer großen Liebe zum Kinde" geschaffen hatte. In gleicher Stunde sei daher „zu Ehren und zum Gedächtnis von Richard Steiff an seinem Grab in Jackson/Michigan ein Kranz niedergelegt worden". Als sichtbares Zeichen dieser Freundschaft widmet das Unternehmen Steiff der Heimat-

Zum Umzug durch die Stadt gehört auch der Wagen der Teddybär-Königin.

8.6.1958

Giengener Teddybär-Festival

Kleine Nimrod-Teddybären bewundern ihren Namensgeber Theodore Roosevelt hoch zu Roß. Dieses Foto entstand im Steiff-Studio, die Szene wurde als Wagen für den Umzug entworfen (Archiv-Fotos, zeitverblaßt).

stadt Giengen eine Bronze-Büste des Präsidenten Theodore Roosevelt, die nach der feierlichen Enthüllung in die Obhut des Giengener Bürgermeisters Walter Schmid übergeben wurde.

Der Leiter der Kulturabteilung beim amerikanischen Generalkonsulat in Stuttgart, Robert D. Cross, betont unter anderem, daß der Teddybär für unzählige Kinder aller Rassen ein international bekannter Freudenspender geworden sei; er habe alle politischen wie auch ideologischen Grenzen überschritten; er verkörpere die durch den schlichten und arglosen Kinderglauben an das Gute gezähmte Wildheit der Natur und sei das Sinnbild der menschlichen Suche nach Liebe und Verständnis.

Der Giengener Bürgermeister Walter Schmid und Steiff-Geschäftsführer Hans-Otto Steiff vor der Roosevelt-Büste (am 26. Oktober 1958).

Schwere Zeiten verbinden den Teddybären und das Teddy-Baby, das 1929 zum ersten Mal das Licht der Bärenwelt erblickte. Auch nach dem Zweiten Weltkrieg werden kleine Kontingente produziert, aber der Materialmangel setzt höheren Auflagen natürliche Grenzen. In den 30er Jahren war das Teddy-Baby in den Größen 9, 15, 22, 30, 38, 40 und 45 cm zu kaufen, von 1948 bis 1950 gab es nur ein Modell: „7630,2" aus blondem Kunstseidenplüsch mit Doppel-Druckstimme, zum Stückpreis von 6,20 Mark. 1949 kommen zwei weitere Größen (30 und 40 cm) sowie maisfarbener und brauner Mohairplüsch hinzu. 1951 in 9 und 22 cm, 1951 wird die Größe 30 cm in 28 cm geändert, Standardgrößen der 50er Jahre sind 9, 22, 28 und 40 cm. Zwei große Teddy-Babys werden noch hergestellt (73100,2 in mais 27 Stück, in braun 22 Stück - 73150,2 in mais 11 Stück und in braun 40 Stück). 1959 kommt dann das endgültige Aus für das Teddy-Baby. Es muß dem neuen, weichen Kuschelbären weichen.

Die Gartenarbeit macht diesen Teddy-Babys offensichtlich Spaß. Sie stammen aus den 50er Jahren und vergnügen sich in den Größen 22, 28, 30 und 40 cm.

1929 - 1959
30 JAHRE TEDDY-BABY

Als Tierpuppen werden diese Bärentypen bei Steiff bezeichnet. Sie haben einen weichen Körper, Schlenkerarme und feste Beine sowie einen drehbaren Kopf. Erste „Pupp-Bären“ gab es schon 1932 in 14, 22 und 28 cm. 1949 wurden sie unbenannt in „Teddyli“, die ersten Modelle 12/525 wurden in hellbraun und 12/325 in dunkelbraun als Junge oder Mädchen produziert.

Original Teddy-Set in Weiß, wird 1982 nur für die USA produziert, ab 1983 in das Normalprogramm übernommen.

Der klassische Teddybär, so wie ihn Richard Steiff entworfen hat, erlebte viele Variationen. In den 20er Jahren erblickten die unterschiedlichsten Typen die Teddybär-Welt. Dann, Anfang der 50er Jahre, ein anderes Design. Doch auch dieses Aussehen hält nicht länger als fünfzehn Jahre. Es wird 1966 durch einen moderneren Schnitt abgelöst. Dieser „geliftete" Teddybär unterscheidet sich erheblich von seinem Vorgänger: durch einen völlig anderen Gesichtsschnitt mit eingesetzter Maske aus kurzem Plüsch und einen Körper, der einem jungen, tapsigen Bärenkind nachempfunden wird. Angemeldet wird die moderne Version des Teddybären als Geschmacksmuster am 10. Februar 1966 unter der Bezeichnung „Original Teddybär". Die Kundschaft ist begeistert: ein Teddy zum Liebhaben. Doch auch dieses Teddybär-Design findet sein Ende. 1993 wird es ersatzlos eingestellt. Nur die kleinen Original-Teddybären (Foto unten) werden seit den 50er Jahren unverändert weiter produziert.

Bezeichnung	Art.Nr.	EAN	Jahr
Teddy honig	5311,00	–	1966
Teddy honig	5319,01	–	1966
Teddy honig	5326,01	–	1966
Teddy honig	5336,01	–	1966
Teddy honig	5341,01	–	1966
Teddy honig	5351,01	–	1966
Teddy honig	5366,01	–	1966
Teddy caramel	5319,02	–	1966
Teddy caramel	5326,02	–	1966
Teddy caramel	5336,02	–	1966
Teddy caramel	5341,02	–	1966
Teddy caramel	5351,02	–	1966
Teddy caramel	5366,02	–	1966
Diese Teddybären hießen ab 1967 „Original Teddybär honig" und „Original Teddybär caramel". Von 1966 bis 1982 gab es keine neuen Größen oder Farben.			
Original Teddybär honig	0201/41	–	1982
Original Teddybär honig	0201/51	–	1982
Original Teddy-Set weiß (USA)	0203/00	–	1982
Original Teddybär honig	0201/18	–	1983
Original Teddybär honig	0201/75	–	1983
Original Teddybär weiß	0203/11	–	1983
Original Teddybär weiß	0203/18	–	1983

Bezeichnung	Art.Nr.	EAN	Jahr
Original Teddybär weiß	0203/26	–	1983
Original Teddybär weiß	0203/36	–	1983
Original Teddybär weiß	0203/41	–	1983
Original Teddybär weiß	0203/51	–	1983
Original Teddybär weiß	0203/75	–	1983
Original Teddybär weiß	0203/99	–	1983
Original Teddybär caramel	0202/18	–	1983
Original Teddybär caramel	0202/75	–	1983
Original Teddybär caramel	0202/99	–	1983
Original Teddybär honig (USA)	0201/10	–	1984
Original Teddybär caramel (USA)	0202/10	–	1984
Original Teddybär weiß (USA)	0203/10	–	1984
Original Teddybär braun (USA)	0206/10	–	1984
Original Teddybär braun	0206/11	–	1984
Original Teddybär braun (USA)	0206/14	–	1984
Original Teddybär braun	0206/18	–	1984
Original Teddybär caramel	0206/26	–	1984
Original Teddybär caramel	0206/36	–	1984
Original Teddybär caramel	0206/41	–	1984
Original Teddybär caramel	0206/51	–	1984
Original Teddybär grau (USA)	0207/10	–	1985

Original Teddybär, 14 cm, in verschiedenen Farben:

0201/14	hellbraun	1983
0208/14	schwarz	1985
0203/14	weiß	1983
0207/14	grau	1985
0206/14	dunkelbraun	1984
0202/14	mittelbraun	1983

Nur ein kurzes Plüschleben hat der Original Steiffteddy, der 1991 kreiert wurde und schon 1994 wieder aus dem Programm verschwindet. Er schaut besonders lieb in die Kamera und wird sicherlich ein gesuchtes Sammlerstück. Auf dem Foto (links hinten) sitzt Modell dunkelblond 55 (1991); von links nach rechts: blond 36 (1991), altrosa 39 (1992) und braun 43 (1992).

10.2.1966
Original Teddybär

Bezeichnung	Art.Nr.	EAN	Jahr
Original Teddybär grau (USA)	0207/14	–	1985
Original Teddybär schwarz (USA)	0208/10	–	1985
Original Teddybär schwarz (USA)	0208/14	–	1985
Original Teddybär creme (USA)	0212/10	–	1986
Original Teddybär cinnamon (USA)	0213/10	–	1986
Original Teddybär goldgelb (USA)	0214/10	–	1986
Original Teddybär grau (USA)	0207/26	–	1986
Original Teddybär grau (USA)	0207/36	–	1986
Original Teddybär grau (USA)	0207/41	–	1986
Original Teddybär caramel	0202/12	030123	1989
Original Teddybär caramel	0202/15	030147	1989
Original Teddybär blond	0210/12	030222	1989
Original Teddybär blond	0210/15	030246	1989
Original Teddybär grau	0207/12	030321	1990
Original Teddybär grau	0207/15	030345	1990
Original Teddybär rosé	0211/12	030420	1990
Original Teddybär rosé	0211/15	030444	1990
Original Teddybär schwarz	0209/12	030529	1990
Original Teddybär schwarz	0209/12	030543	1990
Original Teddybär anthrazit 10 (USA)	0212/10	030567	1991
Original Steiffteddy blond 36	–	010354	1991

Bezeichnung	Art.Nr.	EAN	Jahr
Original Steiffteddy blond 43	–	010408	1991
Original Steiffteddy blond 55	–	010453	1991
Original Steiffteddy dunkelblond 36	–	010859	1991
Original Steiffteddy dunkelblond 43	–	010903	1991
Original Steiffteddy dunkelblond 55	–	010958	1991
Original Steiffteddy braun 36	–	011054	1992
Original Steiffteddy braun 43	–	011108	1992
Original Steiffteddy braun 55	–	011153	1992
Original Steiffteddy altrosa 39 mit Musikwerk	–	011184	1992
Original Steiffteddy rotblond 39 mit Musikwerk	–	011214	1992
Original Teddy weiß 10	–	030000	1992
Original Teddy honig 10	–	030055	1992
Original Teddy caramel 10	–	030109	1992
Original Teddy schwarz 10	–	030505	1992
Original Teddy grau 10	–	303307	1993
Original Teddy rosé 10	–	030406	1993
Original Teddy anthrazit 10	–	030567	1993
Original Teddy gold 10	–	030574	1993
Original Teddy silbergrau mit Anstecknadel 10	–	604683	1994
Original Teddy goldbraun mit Anstecknadel 10	–	604713	1994
Original Teddy gelb mit Anstecknadel 10	–	604744	1994

Original Teddybären, dunkelbraun für die USA 1984

0206/11
0206/18
0206/26
0206/36
0206/41
0206/51

Original Teddybär, grau für die USA 1986

0207/26
0207/36
0207/41

Eine neue Ära des Teddybären beginnt am 6. Juni 1951, als das Gebrauchsmuster für „Zotty“ als Geschmacksmuster eingetragen wird. Eine dem Zeitgeist angepaßte Generation von Teddybären wächst heran: superweich gestopft, langhaarig - ein Kuschel- und Schlaftier für Kinder. Dralon-Plüsch, waschbar mit hygienischen Füllungen (Schaumstoff oder Dralon oder Schaumgummi), der Stoff mottenecht imprägniert mit Eulan - der klassische Teddybär scheint auf dem Rückzug. Kuschelweich ist das Schlagwort. Und so entstehen kindliche Bärentypen, oft nicht einmal gegliedert. Ihre Namen haben natürlich auch Teddybär-Geschichte geschrieben: „Zotty“, „Petsy“, „Molly“. Heute werden noch andere synthetische Fasern, pflegeleicht und strapazierfähig, für diese Teddybären benutzt. Die Füllung besteht aus Rhombo-Schaumstoff. Diese Schaumstoff-Würfelchen klumpen auf Grund ihrer besonderen Form nicht. Sie sind waschmaschinenfest, hygienisch, formbeständig und schwer entflammbar.

Der Teddybär hat sein Inneres und Äußeres verändert, um den Kindern mehr Sicherheit zu geben. Doch trotz aller Metamorphosen bleibt er, was er schon immer war: Freund aller Kinder, Trostspender für jedes Lebensalter und Kamerad in allen Lebenslagen. Wer noch keinen Teddybären besitzt, vermißt ihn, ohne es zu wissen. Egal, wie alt er ist.

Bezeichnung	Art.Nr.	EAN	Jahr	geglied.
Zottelbär (Zotty)	6328,1	–	1951	5x
Zottelbär (Zotty)	6335,1	–	1951	5x
Zottelbär (Zotty)	6343,2	–	1951	5x
Zottelbär (Zotty)	6350,2	–	1951	5x
Zotty-Bär	6317,1	–	1952	5x
Zotty-Bär	6322,1	–	1952	5x
Weichbär (Orsi)	4322,1	–	1952	3x
Floppy Zotty	7328	–	1954	–
Baby Bär (Lully)	7322	–	1955	1x
Baby Bär (Lully)	7330	–	1955	1x
Cosy Teddy	5622	–	1955	3x
Cosy Orsi (Bär)	6620	–	1955	–
Cosy Teddy	5630	–	1956	5x
Weich-Bär „Orsi“	4335,1	–	1958	5x
Zottelbär „Zotty“	6328,04	–	1960	5x
Zottelbär „Zotty“	6335,04	–	1960	5x
Racker Zottelbär „Zotty“	2345,00	–	1960	–
Bär „Petsy“	6625,03	–	1961	–
Bär „Petsy“	6635,03	–	1961	–

Bezeichnung	Art.Nr.	EAN	Jahr	geglied.
Bär „Petsy“	6645,03	–	1961	–
Cosy Teddy caramel	5640,00	–	1963	5x
Zoo-Bär	4328,02	–	1964	3x
Cosy Teddy weiß	6628,04	–	1964	–
Cosy Petsy m. Höschen	6625,03	–	1964	–
Schlenker Zotty „Zolac“	7340,00	–	1964	5x
Zotty-Bär „Zipper-Zotty“	0330,00	–	1964	–
Cosy Teddy	5620,00	–	1965	5x
Cosy Teddy dunkelbraun	5630,03	–	1966	5x
Cosy Teddy weiß	5630,04	–	1966	5x
Cosy Teddy dunkelbraun	5640,03	–	1967	5x
Cosy Teddy weiß	5640,04	–	1967	5x
Cosy Teddy dunkelbraun	4763/20	–	1968	5x
Cosy Teddy weiß	4764/20	–	1968	5x
Minky Zotty hellbeige	0301/28	–	1969	5x
Minky Zotty hellbeige	0301/35	–	1969	5x
Minky Zotty caramel	0302/28	–	1969	5x
Minky Zotty caramel	0302/35	–	1969	5x

Floppy Zotty
7328

Zotty
6322/00

Zotty
6335

Lully
7350/30

Orsi
4322,1

Minky
0301/35

Zotty
0302/28

Bezeichnung	Art.Nr.	EAN	Jahr	geglied.
Dralon Teddy Petsy hellbeige	0240/24	–	1970	5x
Dralon Teddy Petsy hellbeige	0240/30	–	1970	5x
Dralon Teddy Petsy hellbeige	0240/38	–	1970	5x
Dralon Teddy Petsy gold	0241/24	–	1970	5x
Dralon Teddy Petsy gold	0241/30	–	1970	5x
Dralon Teddy Petsy gold	0241/38	–	1970	5x
Dralon Teddy Petsy caramel	0242/24	–	1970	5x
Dralon Teddy Petsy caramel	0242/30	–	1970	5x
Dralon Teddy Petsy caramel	0242/38	–	1970	5x
Zipper Zotty	5910/30	–	1970	–
Weich-Bär „Toldy"	6200/30	–	1970	–
Weich-Bär „Toldy"	6200/40	–	1970	–
Toddel	0290/32	–	1971	5x
Hockey-Spieler-Bär	7824/30	–	1972	5x
Marionetten-Bär	7726/25	–	1974	–
Cosy Teddy caramel	4762/20	–	1975	5x
Cosy Teddy caramel	4762/30	–	1975	5x
Cosy Teddy caramel	4762/40	–	1975	5x
Orig. Teddy	0205/26	–	1976	–

Bezeichnung	Art.Nr.	EAN	Jahr	geglied.
Orig. Teddy	0205/35	–	1976	–
Orig. Teddy	0205/50	–	1976	–
Zotty (formgeschäumt)	0305/22	–	1976	–
Zotty (formgeschäumt)	0305/32	–	1976	–
Zotty (formgeschäumt)	0305/45	–	1976	–
Dormy Bär	0215/35	–	1979	5x
Zotty	0302/30	–	1979	5x
Zotty	0302/40	–	1979	5x
Zotty	0302/50	–	1979	5x
Orsi Bär	0220/30	–	1980	5x
Molly Teddy braun	0320/55	–	1980	–
Molly Teddy blond	0320/65	–	1980	–
Tapsy Weichbär	6210/30	–	1980	–
Dorma Bär	0217/34	–	1981	5x
Knöpfchen Bär	0218/16	–	1981	–
Cosy Teddy	5355/26	–	1981	–
Cosy Teddy	5355/36	–	1981	–
Toldi Bär	6242/20	–	1982	–
Toldi Bär	6242/30	–	1982	–

Cosy Teddy
5622,00

Cosy Teddy
6628,04

Cosy Teddy
5620,00

Cosy Teddy
5640,03

Zooby
4328

Marionetten-Bär
7726/25

Original Teddy,
ungegliedert
0205/26

Orsi
0220/30

Bezeichnung	Art.Nr.	EAN	Jahr	geglied.
Manschli Bär	0310/19	–	1983	–
Molly Teddy sekt	0231/55	–	1983	–
Teddy Petsy creme	0235/20	–	1984	5x
Teddy Petsy creme	0235/28	–	1984	5x
Teddy Petsy creme	0235/35	–	1984	5x
Teddy Petsy blond	0233/20	–	1984	5x
Teddy Petsy blond	0233/28	–	1984	5x
Teddy Petsy blond	0233/35	–	1984	5x
Teddy Petsy blond	0233/45	–	1984	5x
Teddy Petsy hellbraun	0230/20	–	1984	5x
Teddy Petsy hellbraun	0230/28	–	1984	5x
Teddy Petsy hellbraun	0230/35	–	1984	5x
Teddy Petsy hellbraun	0230/45	–	1984	5x
Molly Teddy creme	0322/40	–	1984	–
Toldi Bär	6250/22	–	1984	–
Happy Petsy weiß	5740/20	–	1984	5x
Happy Petsy weiß	5740/28	–	1984	5x
Happy Petsy lila	5748/20	–	1984	5x
Happy Petsy lila	5748/28	–	1984	5x
Happy Petsy gelb	5745/20	–	1984	5x
Happy Petsy gelb	5745/28	–	1984	5x

Bezeichnung	Art.Nr.	EAN	Jahr	geglied.
Teddy Petsy blond	0233/80	–	1985	5x
Zotty	0305/30	–	1985	5x
Zotty	0305/40	–	1985	5x
Zotty	0305/50	–	1985	5x
Steiff Brummbär	0228/33	011559	1987	5x
Steiff Brummbär	0228/38	011580	1987	5x
Steiff Brummbär	0228/48	011627	1987	5x
Minky Zotty	0312/30	018350	1988	5x
Minky Zotty	0312/40	018404	1988	5x
Minky Zotty	0312/50	018459	1988	5x
Molly Teddy sekt	0321/22	019333	1988	–
Molly Teddy sekt	0321/32	019357	1988	–
Molly Teddy creme	0322/22	019555	1988	–
Molly Teddy creme	0322/32	019579	1988	–
Toldi Bär	6270/27	080739	1988	–
Toldi-Bär für SOS-Kinderdörfer	7580/27	351105	1988	–
Molly Minky	0318/32	020049	1989	–
Steiff Brummbär dunkelblond	0228/28	011535	1990	5x
Steiff Brummbär blond	0226/28	011733	1990	5x

Petsy
6635/03

Toldi (SOS-Kinderdörfer)
7580,27

Hockey Teddy
7824/30

Die weichen Brüder 1951 - 1994

Petsy
0240/30

0240/24

Bezeichnung	Art.Nr.	EAN	Jahr	geglied.
Steiff Brummbär blond	0226/33	011757	1990	5x
Steiff Brummbär blond	0226/38	011788	1990	5x
Steiff Brummbär blond	0226/48	011825	1990	5x
Petsy Soft Teddybär blond	0224/28	011856	1990	5x
Petsy Soft Teddybär blond	0224/35	011887	1990	5x
Petsy Soft Teddybär blond	0224/45	011900	1990	5x
Teddy Petsy braun	0238/28	012546	1990	5x
Teddy Petsy braun	0238/35	012587	1990	5x
Teddy Petsy braun	0238/45	012624	1990	5x
Molly Teddy braun	0323/60	019722	1990	–
Molly Teddy braun	0323/75	019756	1990	–
Molly Teddy braun	0323/99	019784	1990	–
Molly Teddy dunkelbraun	0324/60	019920	1990	–
Molly Teddy dunkelbraun	0324/75	019944	1990	–
Molly Teddy blond 36	–	021053	1991	–
Molly Teddy blond 48	–	021107	1991	–
Molly Teddy zimt 36	–	021251	1991	–
Molly Teddy zimt 48	–	021305	1991	–
Molly Teddy braun 36	–	021459	1991	–
Molly Teddy braun 48	–	021503	1991	–
Molly Teddy blond 28	–	021039	1992	–

Bezeichnung	Art.Nr.	EAN	Jahr	geglied.
Molly Teddy zimt 28	–	021237	1992	–
Molly Teddy braun 28	–	021435	1992	–
Mohairzotty 30	–	009204	1993	5x
Mohairzotty 40	–	009259	1993	5x
Mohairzotty 50	–	009303	1993	5x
Orsi Teddybär blond 30	–	013058	1993	5x
Orsi Teddybär blond 40	–	013089	1993	5x
Orsi Teddybär blond 50	–	013119	1993	5x
Orsi Teddybär braun 30	–	013256	1993	5x
Orsi Teddybär braun 40	–	013287	1993	5x
Orsi Teddybär braun 50	–	013317	1993	5x
Knuffi Teddybär gespitzt 40	–	017803	1994	5x
Knuffi Teddybär gespitzt 50	–	017827	1994	5x
Molly Teddy gespitzt 32	–	021558	1994	–
Molly Teddy gespitzt 40	–	021565	1994	–
Molly Teddy gespitzt 55	–	021572	1994	–
Molly Teddy dunkelbraun 32	–	021701	1994	–
Molly Teddy dunkelbraun 40	–	021725	1994	–
Molly Teddy dunkelbraun 55	–	021749	1994	–
Molly Teddy dunkelbraun 75	–	021763	1994	–

Dorma
0217/34

Toddel
0229/32

Knöpfchen Bär
0218/16

Manschli Bär
0310/19

Steiff
0155/38

Mit einer Sonderedition feiert die Margarete Steiff GmbH in Giengen ihr 100jähriges Bestehen: Eine Würdigung der Tradition und ein Dankeschön an die Kunden in aller Welt. Mit Holzwolle gestopfte Teddybären aus den Anfangsjahren kommen als Repliken in den Handel. Nur für die USA werden spezielle Serien aufgelegt, die in dieser Dokumentation zum ersten Mal komplett aufgeführt sind (nur bedingt berücksichtigt wurden Steiff-Teddybär-Repliken, die von US-Firmen zusätzlich eingekleidet wurden, um firmeneigene Kleinserien zu schaffen. In jedem Fall handelt es sich dabei um Teddybären, die aus dem normalen Steiff-Programm stammen).

Replica und Sonder-Editionen

Papa-Bär 1903

zum 100jährigen Jubiläum

0153/43 *1980* ZK

limitiert 11.000 weltweit,

davon 5.000 mit englischem Zertifikat

Z = Zertifikat
ZK = Zertifikat + Karton
= weltweit
= Deutschland
= Amerika
= Großbritannien

Mama und Baby Set 1903

zum 101jährigen Jubiläum

0155/38 *1981*

limitiert 8.000 ZK

0252/37 *1989*

Teddy Bear Tea Party Set

zum 102jährigen Jubiläum

0204/16 *1982*

limitiert 10.000 Z/K

RICHARD STEIFF BÄR

zum 80. Teddy-Geburtstag

0150/32 *1983* K

ca. 20.000 produziert

TEDDY BRUNO

0223/20 *1982*

WINNER OF REEVES INTERNATIONAL INC INCENTIVE TOUR 1983

Bär 0202/14

limitiert 40

KLEIN ARCHIE

für „Enchanted Dollhouse" Vermont

0140/38 *1983*

limitiert 2.500

Replica und Sonder-Editionen

Nimrod Teddy Set

zum 80. Geburtstag des Teddybären und 125. Geburtstag von Teddy Roosevelt

0210/22 *1983*

limitiert 10.000 ZK

Teddybär 1909 Gold

0165/28 *1983*

0165/38 *1983*

0165/51 *1983*

0165/60 *1984*

Giengen Teddy Set

0162/00 *1984*

limitiert 16.000 ZK

Margaret Strong Bears Beige

0155/26 *1984*
0155/32 *1984*
0155/42 *1983*
0155/51 *1984*
0155/60 *1984*

Margaret Strong Bear Set Cinnamon

Kunstleder-Pfoten

0156/00 *1984*
limitiert 2.000 K

Margaret Strong Bears White

Leder-Pfoten

0158/25 *1985* limitiert 3.000
0158/31 *1985* limitiert 2.500
0158/41 *1985* limitiert 2.000
0158/50 *1986* limitiert 750

The Margaret Woodbury Strong Museum

Margaret Strong Bear Set Chocolate Brown

Kunstleder-Pfoten

0160/00 *1983*

limitiert 2.000 K

Margaret Strong Bears Cream

0157/26 *1984*

0157/32 *1984*

0157/42 *1984*

0157/51 *1985*

0157/60 *1985*

SANTA'S ELF
0155/22 *1988*

SANTA
0155/38 *1986*

Z = Zertifikat
ZK = Zertifikat + Karton
= weltweit
= Deutschland
= Amerika
= Großbritannien

ST. NICHOLAS BEAR
0156/38 *1987*

The Margaret Woodbury Strong Museum

Captain Strong Bear

0156/34 *1987*

Victorian Lady

0156/36 *1987*

Victorian Gentleman

0156/37 *1987*

BRIDE AND GROOM

0155/36 *1984*
0155/37 *1984*

FLOWER BEAR-ER

0155/22 *1985*

RING BEAR-ER

0155/23 *1985*

THE MARGARET WOODBURY STRONG MUSEUM

CHRISTENING BEAR

0155/15 *1986*

VICTORIAN GIRL

0155/34 *1986*

VICTORIAN BOY

0155/35 *1986*

MR. CINNAMON BEAR

0151/25 *1984*
0151/32 *1984*
0151/40 *1984*
0151/55 *1985*

OPHELIA BEAR

0225/42 *1984*
keine Ohrfahnen, Etikett im linken Bein

BABY OPHELIA

0225/27 *1988* EAN 011344
keine Ohrfahnen, Etikett im linken Bein

GOLDILOCKBÄR

mit Suzanne Gibson-Puppe
in USA gekleidet

0173/14 *1985*
0173/18 *1985*
0173/22 *1985*
0173/25 *1984*
0173/30 *1984*

Replica und Sonder-Editionen

Valentin Bär

0211/26 *1984*
0211/36

Teddy-Baby (blond) Replica 1930

0176/29 *1985*
0176/35 *1985*
0176/42 *1985*
ab 1992 weltweit

Teddy-Baby (braun) Replica 1930

0175/29 *1984*
0175/35 *1984*
0175/42 *1984*

GIENGEN TEDDYBÄR, GRAU

0167/22 *1986*
0167/26 *1985*
0167/32 *1985*
0167/42 *1985*
0167/52 *1986*

GIENGEN TEDDYBÄR, BLOND

0168/22 *1986*
0168/32 *1988*
0162/42 *1986*

Replica und Sonder-Editionen

Berlin Bär

0251/34 *1985*

Dicky „Clowns Around“

Für Ronald Mc Donald House
Bär in Amerika gekleidet
0172/32

Dicky Bär Replica 1930

0172/32 *1985*
limitiert 20.000 ZK

Passport Bär

0245/40 *1985*
limitiert 20.000

Z = Zertifikat
ZK = Zertifikat + Karton
= weltweit
= Deutschland
= Amerika
= Großbritannien

Teddybär Braut

0270/27 *1986* EAN 010101 K

Teddybär Bräutigam

0271/28 *1986* EAN 010125 K

Helga

für Marshall Fields

0278/28 *1985* K

Teddybär als Dirndl

etwas andere Kleidung (nicht abgebildet)

0276/28 *1986* EAN 010156 K

Hans

für Marshall Fields

0277/28 *1985* K

Teddybär mit Lederhose

etwas andere Kleidung (nicht abgebildet)

0276/28 *1986* EAN 010170 K

REPLICA UND SONDER-EDITIONEN

TEDDYBÄR MIT MATROSENKLEID

0281/28 *1986* EAN 010224 K

TEDDYBÄR MIT MATROSENANZUG

0280/28 *1986* EAN 010200 K

TEDDYBÄR MIT SCHWARZWALDTRACHT

0283/28 *1987* EAN 010255 K

TEDDYBÄR MIT BAUERNTRACHT

0284/28 *1987* EAN 010279 K

Bär für Schneeweisschen- und Rosenrot-Set

mit Suzanne Gibson-Puppe

0128/33 *1986* K

Teddy-Clown Replica 1926

0170/32 *1986*

limitiert 10.000 ZK

REPLICA UND SONDER-EDITIONEN

TEDDY ROSE 1925

0171/41 *1987*
1988
limitiert 10.000 ZK
0171/25 *1990*
limitiert 8.000 ZK

JACKIE BÄR REPLICA 1953

0190/17 *1989* US
limitiert 12.000 ZK
0190/25 *1987* EAN 408502
limitiert 10.000 ZK
0190/35 *1988*
limitiert 4.000 ZK

DOLLY BEAR REPLICA 1913

0164/30 (schwefelgelb) durch Fehler beim Stanzen *1987*
produziert ca. 480
0164/31 gelb *1987*
0164/32 grün *1987*
0164/34 violett *1987*

SCHNUFFY BEAR

0227/33 *1987*K

CLIFFORD BERRYMEN BEAR

0225/35 *1987*

Replica und Sonder-Editionen

„Mrs. und Mr. Santa"

für Hobby Center, Toledo
Steiff Collector Clubs

1987

limitiert 150 und 300 Z

„Hans" Helfer

für Hobby Center, Toledo
Steiff Collector Clubs

0201/14 *1987*

limitiert 200 Z

W. Shakespeare Bear

Modell wie Replica 1909

0166/29 *1987*

limitiert 2.000

Teddy Bear 1906

für FAO SCHWARZ zum 125jährigen Jubiläum

0162/33 *1987*

limitiert 1.000 ZK

Teddy Clown Junior

0163/19 *1987* kariertes Outfit
0163/20 *1989* gestreiftes Outfit
limitiert je 5.000

Bear Bandmaster

0120/19 *1988*
limitiert 5.000 K

Ringmaster Teddy Baby

0175/19 *1989*
limitiert 5.000 K

Teddy Baby Food Vendor

0177/19 *1990*
limitiert 5.000 K

Circus-Collection USA

Dicky Bear weiss

(für Circuswagen)

0172/16 *1990*

limitiert 5.000 K

Dicky Bear blond

(für Circuswagen)

0172/17 *1999*

limitiert 5.000 K

Bearback Rider Set

650550 *1991*

limitiert 5.000 K

Teddy Baby Ticket Seller

650529 *1991*

limitiert 5.000 K

Teddybär 1909, blond

0166/25 *1988*
0166/35 *1988*
0166/43 *1988*

Teddy Baby und Wolf-Set

zum 85jährigen Jubiläum der
Firma Paul Wolff, Giengen

0177/00 *1988*
limitiert 1.000 ZK

Teddybär schwarz Replica 1907

0173/40 *1988* EAN 406003
limitiert 4.000 ZK

Replica und Sonder-Editionen

Wiwag mit Teddybären

MUSEUM-COLLECTION
0132/24 *1988* EAN 400858
limitiert 4.000

Wiwag mit Bär und Affe

MUSEUM-COLLECTION
EAN 400872 *1992*
limitiert 4.000
(nicht abgebildet)

Rub-A-Dub-Dub-Set

0131/23 gelb (Bäcker) *1988*
0131/24 messing (Kerzenmacher)
0131/25 braun (Schlachter)
limitiert 2.000 K

Hamleys Bär

0163/26 *1988* EAN 6502918
limitiert 2.000

ANTIK-TEDDYBÄR BEIGE

für Walt Disney World (Epcot Center)

0243/32 *1988* EAN 011436

limitiert 1.000

Z = Zertifikat

ZK = Zertifikat + Karton

= weltweit

= Deutschland

= Amerika

= Großbritannien

WHITE TEDDY BEAR 1909

für FAO SCHWARZ

0163/34 *1988* EAN 650338

limitiert 2.000 ZK

Replica und Sonder-Editionen

Maulkorb-Teddy braun 1908

EAN 406119 *1991*
limitiert 5.000 K

Maulkorb-Teddy weiss 1908

0174/35 *1990*
limitiert 6.000 ZK
0174/46 *1989*
limitiert 5.000 ZK
0174/60 *1989*
limitiert 2.650 ZK

STEIFF - ORIGINAL - MARKE
Petsy
Replica 1927
Ltd. Edition of
5,000 pcs

Replica und Sonder-Editionen

Petsy Bicolor Replica 1927

0180/50 *1989/90*
limitiert 5.000
EAN 407215 *1981*
limitiert 6.000 ZK

Petsy Messing Replica 1927

0181/35 *1989/90*
limitiert 50.000 ZK

Baby-Bär auf Wagen Replica 1939

MUSEUM-COLLECTION
0135/20 *1989* EAN 401602
limitiert 4.000 K

Druckknopfbär Replica 1908

0158/17 *1989*
limitiert 50.000 ZK

TEDDYBÄR SCHWARZ

„Meyer's Diamond Jubilee"
0208/15 *1989* EAN 009624
limitiert 1.000

TEDDY (SCHWARZ)

40th Birthday UFDC
0167/23 EAN 650314
limitiert 360

CALIFORNIA MUSICAL HONEY BEAR

0293/32 *1989* EAN 011931
limitiert 2.000

GOLDEN GATE BEAR

für FAO SCHWARZ/San Franzisco
0285/29 *1989* EAN 010309
limitiert 2.000 ZK

REPLICA UND SONDER-EDITIONEN

SANTA TEDDY, RENTIER MIT SCHLITTEN

0118/00 *1989*
limitiert 6.000 K

PETSY BÄR WEISS

für Walt Disney World (Epcot Center)
0244/35 *1989* EAN 011443
limitiert 1.000

MR. VANILLA BEAR

für Hobby Center, Toledo
0152/25 *1989* EAN 011412
limitiert 1.000

HARRODS MUSICAL BEAR 1909

Wiegenlied von Mozart

0291/26 *1989* EAN 011917

limitiert 2.000 ZK

HAMLEYS BÄR

0168/28 *1989* EAN 650284

limitiert 2.000

TEDDY HELLBRAUN REPLICA 1906

British Collectors

0173/33 *1989* EAN 406096

limited 3.000 ZK

TEDDY HELLBRAUN REPLICA 1907

British Collectors

0174/61 *1989* EAN 406104

limited 2.000 ZK

Replica und Sonder-Editionen

Teddybär Replica 1955 mit Halsmechanik

0188/25 *1990*
limitiert 4.000 ZK

Teddybär Replica 1926 (Happy Anniversary)

0169/40 *1991* EAN 407215
limitiert 6.000 ZK
0169/65 *1990* EAN 407239
limitiert 5.000 ZK

Purzelbär Replica 1909

0164/29 *1990* EAN 406553
limitiert 5.000 ZK

Z = Zertifikat
ZK = Zertifikat + Karton
= weltweit
= Deutschland
= Amerika
= Großbritannien

Record Teddy 1913

MUSEUM-COLLECTION
0116/25 *1990* EAN 400698
limitiert 4.000 K

Replica und Sonder-Editionen

Antik Teddy 32 anthrazit

Walt Disney World (Epcot Center)

0245/32 *1990* EAN 011429
limitiert 1.000

0245/60 *1990* EAN 011306
limitiert 10

0245/80 *1990* EAN 011313
limitiert 1

0245/99 *1990* EAN 011320
limitiert 1

Antic Teddy schwarz

„J. P.“ BEAR,
Mary D's Dolls & Bears & Such

0159/26 *1990* EAN 650376
limitiert 1.000

Mohair Soft Schwarzbär (Black Bear Cup)

FAO SCHWARZ (North American Wildlife Series)

1232/25 *1990* EAN 652059
limitiert 2.000 ZK

Jackie Bear rose

Doll House Southern Bear

0260/25 *1990* EAN 650352

limitiert 1.000

Teddy Baby 19 rose

The Toy Store, Toledo/Ohio

0179/19 *1990* EAN 650260

limitiert 1.000

Replica und Sonder-Editionen

Teddybär rot ALFONZO

Teddy Bears of Whitney

0184/35 *1990* EAN 406195

limitiert 5.000 ZK

Hamleys Bear OLIVER

0181/36 *1990* EAN 650277

limitiert 2.000 ZK

Harrods MUSICAL BEAR 1904/05

Wiegenlied von Brahms

0151/27 *1990* EAN 650369

limitiert 2.000

Bär 35 PB Bärle Replica 1904

(Bindfaden-Anscheibung und Siegelwachsnase)

0150/50 *1991* EAN 404108

limitiert 6.000 ZK

Bärle 35 PAB Replica 1905

(Scheibengelenke, Kapokstopfung, Siegelwachsnase)

1993 EAN 404207

limitiert 6.000 ZK

Record Teddy Replica 1913/rosé

MUSEUM-COLLECTION

0058/20 *1991/92* EAN 400704

limitiert 4.000 ZK

Replica und Sonder-Editionen

Steiff Teddys Watch mit 12 Armbanduhren

„WATCH BÄR“ trägt eine zusätzliche Uhr
dunkelbraunes Display, heller Bär
1991 EAN 606101
limitiert 2.000
hellbraunes Display, dunkler Bär
limitiert 2.000

Teddybär 35 1907 (hellbraun)

Japan (Begleitbär für eine Wanderausstellung)
Rest des o. g. Bären wurde für das Naturhistorische Museum Wien mit einer bedruckten Schärpe ausgestattet.
0174/34 *1991* EAN 406034
limitiert 5.000

Teddy Baby Maize (Replica 1931)

0178/15 *1991* EAN 408113
0178/32 *1991* EAN 408144
limitiert je 5.000

ANTIC TEDDY, SCHWARZ

Walt Disney World (Epcot Center) 1991

0246/32 EAN 011269 limitiert 1.500 (Mickey Mouse)
0246/60 EAN 011276 limitiert 20
0246/80 EAN 011283 limitiert 1
0246/99 EAN 011290 limitiert 1

ANTIC TEDDY, SCHWARZ/WEISS

Walt Disney World (Epcot Center) 1992

EAN 011863 limitiert 1.500 (Minnie Mouse) 30 cm
EAN 011870 limitiert 20 60 cm
EAN 011832 limitiert 1 80 cm
EAN 011849 limitiert 1 99 cm

REPLICA UND SONDER-EDITIONEN

DICKY 16 MOH. ROSE

The Toy Store, Toledo/Ohio

0172/18 *1991* EAN 011955

limitiert 2.000

DICKY 16 MOH. MAUVE

The Toy Store, Toledo/Ohio

0172/19 *1991* EAN 011962

limitiert 2.000

TEDDY BABY ANTHRAZIT

für „Teddys“

0178/20 *1991* EAN 011382

limitiert 1.000

HARRODS MUSICAL BEAR 1920

für Elise von Beethoven

0294/42 *1991* EAN 011924

limitiert 2.000 ZK

Teddy Noah und Frau (20 cm)

für Steiff-Arche

1992 EAN 038006

limitiert 8.000 ZK

Dicky Bär weiss Replica 1930

1992 EAN 407550 25 cm

limitiert 9.000 ZK

Dicky Bär weiss Replica 1930

1992 EAN 407574 33 cm

limitiert 7.000 ZK

Replica und Sonder-Editionen

STEIFF TEDDYS WATCH mit 12 Armbanduhren

„WATCH BÄR“ trägt zusätzlich eine Uhr

1992 EAN 606304

limitiert 4.000

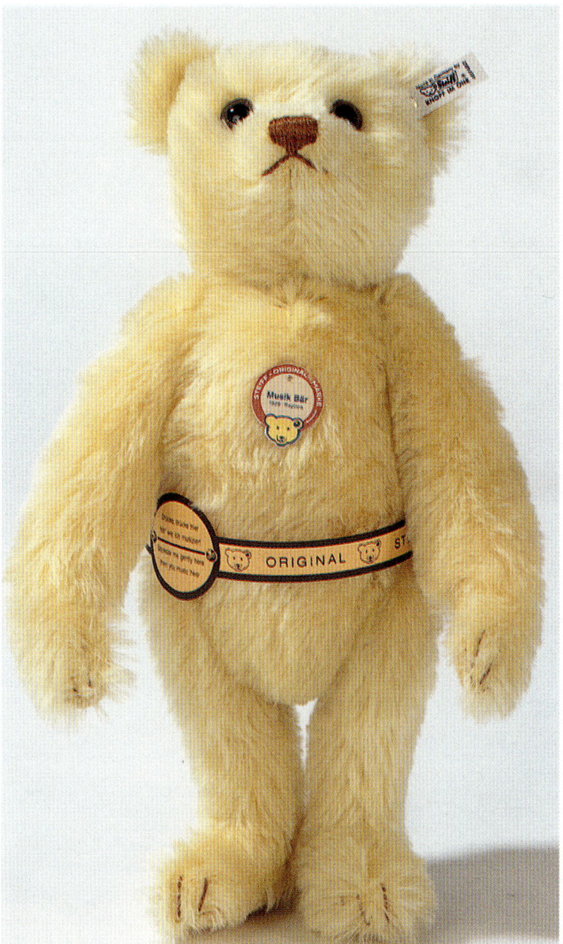

STEIFF CLUB Edition 1992 Teddy Baby blau

nur für Mitglieder des europäischen Steiff Clubs

1992 EAN 420016

limitiert 7.959 K

Musik Bär Replica 1928

1992 EAN 407482

limitiert 8.000 ZK

URSULUS
Feldhaus, Köln
1992 EAN 650390 limitiert ca. 1.000

SEVERUS ALEXANDER
Behle, Frankfurt
1993 EAN 650611 limitiert ca. 300

TITUS JULIUS SATURNINUS
Spielzeugmuseum Trier
1993 EAN 650628 limitiert ca. 300

IMPARATOR CARACALLA
Abele, Aalen
1993 EAN 650635 limitiert ca. 300

CAJUS VALERIUS CRISPUS
Spielzeughaus am Markt, Wiesbaden
1993 EAN 650642 limitiert ca. 300

CAIUS FULVIUS LUPUS
Puppenkönig, Bonn
1992 EAN 650659 limitiert ca. 300

IMPERATOR VESPASIAN
Wolff, Giengen
1993 EAN 650666 limitiert ca. 300

BACCHARUS
Stihl, Bacharach
1993 EAN 650673 limitiert ca. 300

DRUSUS
Joosten u. v. Kloeden, Neuss
1993 EAN 650697 limitiert ca. 300

BODVOC
Teddy Bears of Whitney
1993 EAN 650772 limitiert ca. 300

Replica und Sonder-Editionen

Bär 50 für Schneeweischen- und Rosenrot-Set

mit Margarete Steiff-Puppen

1992 EAN 704098

limitiert 1.200

Teddybär schwarz Replica 1912

British Collectors

0173/48 *1991* EAN 406829

limitiert 3.000 ZK

1992 EAN 406805

limitiert 7.000 ZK

Harrods Musical Bear 1926

The Entertainer (Joplin)

1992 EAN 011894

limitiert 2.000 ZK

Teddy weiss Replica 1911

British Collectors

1992 EAN 406645

limitiert 3.000 ZK

Hamleys Tobias mit Musikwerk

0296/38 *1992* EAN 011948

limitiert 2.000 ZK

W. Shakespeare Bear

1992 EAN 650307

REPLICA UND SONDER-EDITIONEN

ANTIC TEDDY GRAU

Disneyland California
(First Annual Teddy Bear Classic 1992)

EAN 011986 limitiert 2.000 32 cm
EAN 011993 limitiert 20 60 cm
EAN 012006 limitiert 1 80 cm
EAN 012013 limitiert 1 99 cm

„TEDDILE"

The Toy Store, Toledo/Ohio
1992 EAN 011979
limitiert 1.500

OTTO STEIFF TEDDY BEAR

(1912-1992) zur Gründung einer eigenen STEIFF-Niederlassung in USA
1992 EAN 406744
limitiert 5.000 ZK

MUSIKTEDDY Replica 1951 CARAMEL 35

(Fuchs, du hast die Gans gestohlen)

1993 EAN 408458

limitiert 7.000 ZK

TEDDY BABY BUB Replica 1930 BLOND 25

1993 EAN 407529

limitiert 7.000 ZK

TEDDY BABY MAID Replica BLOND 25

1993 EAN 407512

limitiert 7.000 ZK

REPLICA UND SONDER-EDITIONEN

STEIFF TEDDYS PENDANT WATCH DISPLAY 1993

1993 EAN 606502
limitiert auf 3.000

GOLDILOCK BÄREN 1993

EAN 704191 Papa-Bär
EAN 704074 Mama-Bär
EAN 704193 Baby-Bär
limitiert je 1.500

BERLIN-BÄR BRAUN 29

1993 EAN 010057

BILLY
MUSIKTEDDYBÄR, BLOND 25

1993 EAN 027505 K

BOBBY
MUSIKTEDDYBÄR, SCHWARZ 25

1993 EAN 027529 K

TEDDY REPLICA 1907 BRAUN 70

1993 EAN 406010
limitiert 5.000 ZK

„ERWIN" TEDDYBÄR 43

Arbeitsgemeinschaft Kinderkrebsnachsorge
1993 EAN 650888
limitiert 7.777 ZK

Replica und Sonder-Editionen

Ur-Teddy Replica 1926

MUSEUM-COLLECTION

1993 EAN 400919

limitiert 4.000 K

Teddy Clown 1928 Club-Edition

nur für Mitglieder des europäischen Steiff Clubs

1993/94 EAN 420023

limitiert 11.020

„Sam“ 28 Steiff Club Premiere Edition

nur für Mitglieder des amerikanischen Steiff Clubs

1993 EAN 420801

limitiert ca. 4.000

Teddy Donald 30

6th Annual Teddy Bear & Doll Convention 1993,
Walt Disney World (Epcot Center)

1993 EAN 651205 limitiert 1.500

1993 EAN 651212 limitiert 25

1993 EAN 651229 limitiert 2

ALICE 1903-1993

1993 EAN 650574
limitiert 5.000 ZK

PETSILE

The Toy Store, Toledo/Ohio
1993 EAN 651847
limitiert 1.500

Musikteddy 33

für FAO SCHWARZ
1993 EAN 652080
limitiert 2.000 ZK

Replica und Sonder-Editionen

Teddybär 30 blond

Disneyland California

1993 EAN 651526 limitiert 1.500

1993 EAN 651533 limitiert 25

1993 EAN 651540 limitiert 5

Karle aus Stuttgart

(Teddybär 30 blond) für Breuninger
anläßlich der Leichtathletik-WM in Stuttgart
„Let me be your Teddybear"

1993 EAN 999789 produziert ca. 200

Breuninger Bär 30 m.

(Teddybär 30 blond) für Breuninger

1993 EAN 999819 produziert ca. 290

Teddy Ted

für Idee + Spiel

1993 EAN 650855

limitiert 3.333

Teddy 60 dunkelbraun 1907

British Collectors

1993 EAN 406065

limitiert 3.000 ZK

Harrods Musical Bear 1906

Die diebische Elster (Rossini)

1993 EAN 650680

limitiert 2.000 ZK

Teddybär 35 Rosé

1993 EAN 999765
limitiert 1.000
davon 650 Stück **Amelia** für I. Magnin
Sonderausstattung im Fliegerdress.
Rest wurde in Europa vertrieben

Teddybär Weiß 1908

1994 EAN 406041
limitiert 4.000 ZK

Teddybär Blond 1906

1994 EAN 405891
limitiert 5.000 ZK

Teddybär 1908 Blond 40

British Collectors
1994 EAN 406072
limitiert 3.000 ZK

Teddy Rosé Replica 1927

1994 EAN 407192
limitiert 7.000 ZK

Replica und Sonder-Editionen

Teddybär 42 Blond

für Vedes

1994 EAN 650901

limitiert 6.000 K

Teddybär Eddi 27

für Spiel & Spaß, im Baumwollsack

1994 EAN 650925

limitiert 2.000

Original Teddybär 36

für Spielzeugring, im Baumwollsack

1994 EAN 650918

limitiert 3.000

Zirkus-Bär mit Schnappgliedern 1935

MUSEUM-COLLECTION

1994 EAN 401534

limitiert 4.000 ZK

Safari Teddy Bear 19

The Toy Store, Toledo /Ohio

1994 EAN 651854

limitiert 1.500

Original Steiff Teddybär 1908 Blau 35 Club-Edition

nur für Mitglieder des europäischen Steiff Clubs

1994/95 EAN 420047 ZK

Louis Teddybear 44

1994 EAN 650789

limitiert 3.500 ZK

The Ralph Lauren Home Collection

Nur für Steiff-Club-Händler
Europaweit

Preppy Bear 35

1994 EAN 027062
unlimitiert
als Polo Bear, Vertrieb Ralph Lauren
0166/35 *1991/92* EAN 406225

Varsity Bear 35

1994 EAN 027086
limitiert 3.500

Ranch Bear 35

1994 EAN 027055
limitiert 3.500

Chairman II Bear 43

1994 EAN 027079
limitiert 1.500

Producer Bear 43

1994 EAN 027093
limitiert 1.500

Classic 1906 Teddybär beige

1993 EAN 000256 51 cm

Classic Teddybär Mr. Cinnamon

1993 EAN 000201 55 cm

Classic 1909 Teddybär blond

1993 EAN 000355 25 cm
1993 EAN 000379 35 cm
1993 EAN 000393 43 cm

Teddybär 25 blond „Salzburg“
für Österreich mit Schärpe
1993 EAN 650727
produziert 250
für Ralph Lauren
1993 EAN 650581
1993 EAN 650598

Classic 190 Teddybär dunkelbrau

1993 EAN 000423 25 cm
1993 EAN 000447 35 cm
1993 EAN 000461 43 cm

Teddybär 25 dunkel braun „Karawanken“
für Österreich mit Schärpe
1993 EAN 650710
limitiert 250

Classic Serie

Classic 1927 Teddybär Petsy Mohair, gelb

1994 EAN 000911 28 cm
1994 EAN 000935 35 cm

Classic 1920 Teddybär hellbraun

1994 EAN 000737 35 cm
1993 EAN 000751 42 cm

Classic 1920 Teddybär 42

für Kober, Wien, mit Schärpe
1993 EAN 650703
produziert 250

Classic 1920 Teddybär dunkelbraun

1994 EAN 000829 25 cm
1994 EAN 000836 35 cm
1993 EAN 000850 42 cm

Historische Richard Steiff Teddy Steiff Miniaturen
Petsy
Teddy Baby
Teddy Baby

1992

Historische Schwarz-bär Steiff Miniaturen
Historische Maulkorb-Teddy Steiff Miniaturen
Historische Steiff Miniaturen
Historic Steiff Miniatures
II

1993

Historische Steiff Miniaturen

Bezeichnung	**Größe**	**EAN**	**Jahr**
Cinnamon Bär	16 cm	029073	1992
Richard Steiff Teddy	16 cm	029172	1992
Petsy messing	16 cm	029424	1992
Petsy altgold	16 cm	029479	1992
Petsy fahlgold	16 cm	029523	1992
Teddy Baby weiß	16 cm	029622	1992
Teddy Baby hellmais	16 cm	029677	1992
Teddy Baby braun	16 cm	029721	1992
Original Teddy Mohair weiß	10 cm	030000	1992
Original Teddy Mohair honig	10 cm	030055	1992
Original Teddy Mohair caramel	10 cm	030109	1992
Original Teddy Mohair schwarz	10 cm	030505	1992
Maulkorb Teddy Mohair dunkelbraun	16 cm	029189	1993
Maulkorb Teddy Mohair hellbraun	16 cm	029196	1993
Schwarzbär	16 cm	029202	1993
Teddybär Mohair rot	16 cm	029226	1993
Teddy Clown Mohair gelb	16 cm	029387	1993
Teddy Clown Mohair rosa	16 cm	029394	1993
Teddy Clown Mohair weiß	16 cm	029400	1993
Teddy Panda Mohair	16 cm	029905	1993
Original Teddybär Mohair grau	10 cm	030307	1993
Original Teddybär Mohair rosa	10 cm	030406	1993
Original Teddybär Mohair anthrazit	10 cm	030567	1993
Original Teddybär Mohair gold	10 cm	030574	1993
Bärle PAB Mohair	16 cm	029097	1994
Teddy 1926 Mohair gespitzt	16 cm	029271	1994
Dicky Mohair blond	16 cm	029783	1994
Jackie Mohair honig	16 cm	029929	1994

Ob Jackie oder Dicky, ob Bärle oder Original Teddy - die gesamte Teddybär-Mannschaft der letzten 90 Jahre ist fast immer nur in Größen über 20 cm produziert worden. Eine völlig neue Serie, die 1992 beginnt, läßt eine Parade der erfolgreichsten Teddybär-Modelle in Miniaturformat zwischen 10 und 16 cm aufmarschieren. Diese Idee wird vom internationalen Markt begeistert aufgenommen, denn neben den „Großen" sind die „Kleinen" ein neues, ausbaubares Sammelgebiet.

1994

Milch-Bär

für Bärenmarke

7535/90 *1960*

produziert 614

Milch-Bär

für Bärenmarke

7951/25 *1977*

Berti-Bär

für Bertelsmann

7972/25 *1978*

produziert 5.000

Breuni-Bär

für Breuninger, Stuttgart

714/88 *1956/57*

produziert 1998

VDF-Bär

5318/02 *1967*

Werbe-Bären für den deutschen Markt

Grotesk-Bär
für Ford-Werke
7350/2 *1953*
produziert 3

Tapsy
für Milupa
EAN 999826

Milupa-Bär
für Milupa
7967/22 *1987*

Tabby-Bär
für Tabbert Caravan
7960/23 *1980*

Das Archiv

Zwei kleine Teddybären entdecken das Steiff-Archiv. Hier scheint die Zeit stehengeblieben zu sein. In alten Schubladen und Kästen sind die wunderschönen Dinge verstaut, die fast ein ganzes Jahrhundert für die tägliche Fabrikation von Teddybären und Plüschtieren notwendig waren. Eine kleine, historische Welt der Werkzeuge, Schnitte und originalen Muster.

Merkmale Original-Teddy 1904/05 - 1950/51

Mittelnaht: *Beim Zuschneiden des Plüschs mittels Schablone werden, um große Stoffverluste zu vermeiden, von 7 Teddybärköpfen 6 Köpfe normal zugeschnitten, einer jedoch liegt am Rand und muß deshalb mit einer Mittelnaht genäht werden.*

Quernaht: *Bei Bären mit Metallaufhängung (1903/04). Ausnahmen möglich.*

Nasen: *Bis etwa 1905/06 Siegellack-Nasen, dann quer oder senkrecht gestickt.*

Augen: *Am Anfang Schuhknopf-Augen, auf Wunsch ab 1908 gegen Aufpreis Glasaugen. Nach 1920 generell hintermalte Klarglasaugen mit Draht-Öse.*

KNOPF im OHR.

Buckel: *Typisches Bärenmerkmal, mehr oder weniger ausgeprägt, je nach Stopfung.*

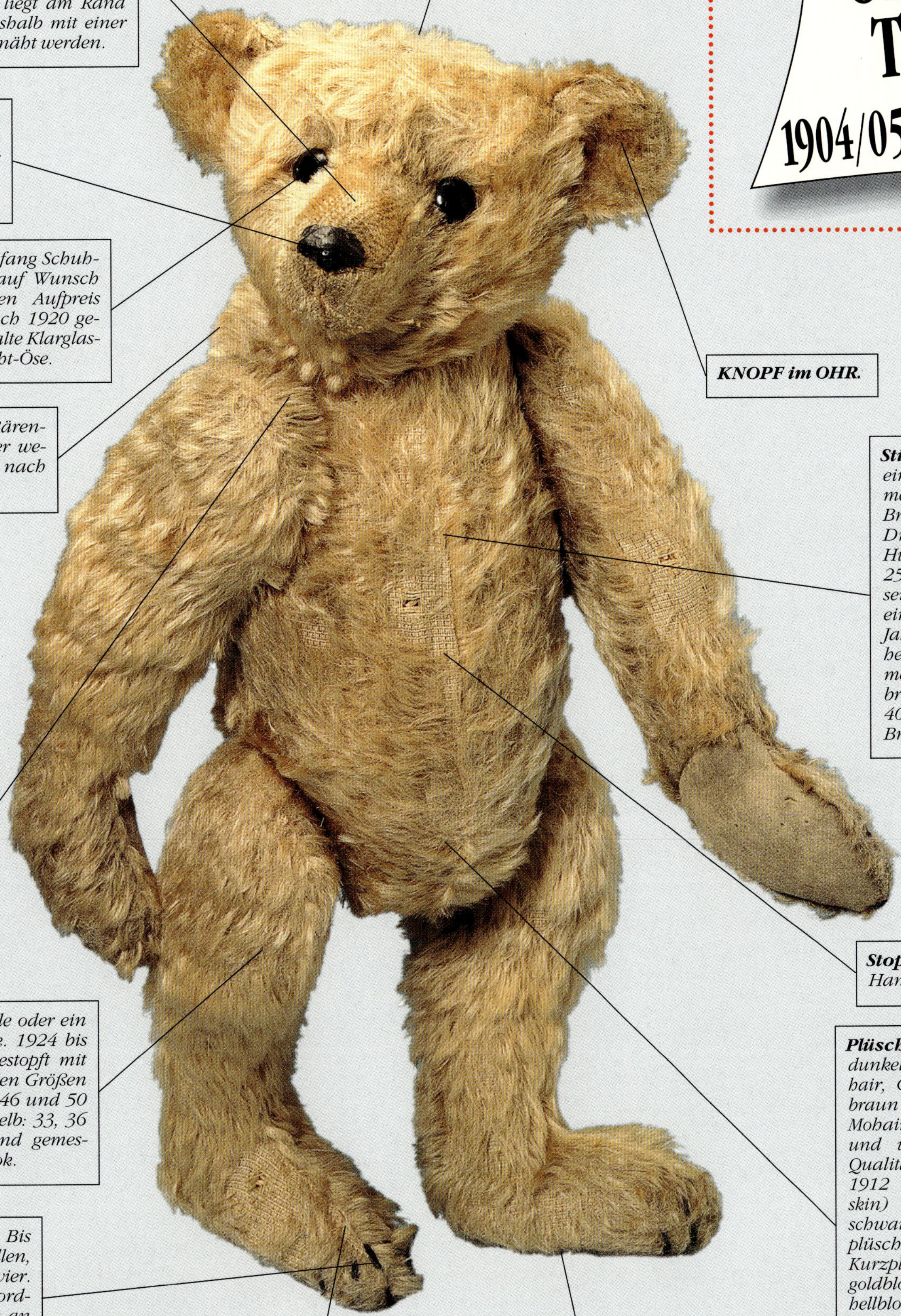

Stimme: *1905 bis 1907: einfache Brummstimme. 1908: automatische Brummstimme. 1912: Druckbrummstimme, Hugmi-Stimme. Erst ab 25 cm (stehend gemessen) werden Stimmen eingebaut. In den 20er Jahren ab 18 cm (stehend) mit Druckstimme, ab 25 cm Druckbrummstimme und ab 40 cm automatische Brummstimme.*

Anscheibung: *Ab 1903/04 primitiv mit Bindfaden, ab 1904/05 Metallaufhängung, ab 1905 Anscheibung durch Pappscheiben. Typisch: die Scheibenpaare sind gleich groß.*

Stopföffnung vorn: *Von Hand zugenäht.*

Stopfung: *Holzwolle oder ein Gemisch mit Kapok. 1924 bis 1928 auch weichgestopft mit Kapok in Weiß in den Größen 25, 30, 32, 35, 40, 46 und 50 cm; in Rosa oder Gelb: 33, 36 und 40 cm (stehend gemessen). Mit „K" = Kapok.*

Plüsch: *1903 - Rauhplüsch dunkelbraun; 1904/05 - Mohair, Glanzplüsch, dunkelbraun und weiß; 1907/08 - Mohair dunkel, hellbraun und weiß, auch billigere Qualitäten für England; 1912 - Kurzplüsch (Sealskin) und Mohair, auch schwarz; 1912/20; Cellstoffplüsch, Brennesselstoffe, Kurzplüsch, Mohairplüsch, goldblond, dunkel- und hellblond, weiß; 1924/25 - besonders langhaariger Plüsch, rosa und gelb oder braun gespitzt; 1947/48 - Kunstseidenplüsch; ab 1949 - wieder Mohairplüsch.*

Gestickte Krallen: *Bis 1904/05 fünf Krallen, dann nur noch vier. Uhrwerk- und Rekord-Teddys drei Krallen an Händen, vier Krallen an Füßen.*

Mittelnaht am Bein: *Typisches Merkmal für Steiff-Bären.*

Sohlen: *An Armen und Beinen immer aus Filz.*

Merkmale Original-Teddy 1950/51 - 1966

MERKMALE ORIGINAL-TEDDY 1966 - 1993

Kopf: *Rund eingesetzte Gesichtsmaske (inkl. Augenbereich) aus kürzerem Plüsch, gleiche Farbe wie Körper.*

KNOPF im OHR.

Arme: *Kürzer als bisher, Pfoten fast symmetrisch, Arme gerade.*

Augen: *Pupillenaugen aus Glas oder Kunststoff, mit Faden eingezogen oder als Sicherheitsauge mit „Starlock-Scheibe".*

Körper: *Ab 1972 rundlich, Baby-Proportionen, kein Buckel.*

Stopfung: *Mischung aus 3 Materialkomponenten, ab Mitte 1970 Polyesterfaser.*

Plüsch: *Mohair unifarben, weiß, „honig", caramel oder dunkelbraun.*

Sohlen und Pfoten: *Anfangs aus Filz, um 1970 aus Stuttgarter Oberseide (gekräuselter Wirksamt). Ab 1975 aus Trevirasamt. Keine gestickten Krallen.*

Lebensechtheit und Liebenswürdigkeit miteinander zu verbinden, ist seit Jahrzehnten immer wieder eine neue Aufgabe für die Steiff-Designer. Schon der Entwurf ist eines der Geheimnisse für den Erfolg. Und der hohe Qualitätsanspruch bei den Materialien. Es gehört große Erfahrung dazu, den Steiff-Tieren jeweils den richtigen Plüsch zuzuordnen. Grundsätzlich gilt, daß alle Materialien sehr sorgfältig ausgewählt werden und nur die besten Plüschqualitäten Verwendung finden. Während früher Mohairplüsch die Produktion bestimmte, ist es heute ein hochwertiger Webplüsch aus synthetischen Fasern. Steiff-Tiere müssen strapazierfähig und pflegeleicht sein. Aber auch Mohair, ein reines Naturprodukt, wird heute noch für Sammlerstücke und hochwertige Spieltiere verarbeitet. Beim Wirkplüsch, er wird auf Rundstricknadeln hergestellt, wird mit jeder Masche eine Faserflocke mit eingestrickt. Die Wirkung ist eine Pelzimitation. Als Füllmaterial wurde in der Vergangenheit mit Filz, Kapok und Holzwolle gestopft (das ist für die Repliken auch so geblieben). Heute werden zur Sicherheit für die Kinder synthetische Materialien benutzt, die zum Teil waschmaschinenfest sind und somit hygienisch bleiben. Die Farben für die Bemalung sind frei von gesundheitsschädlichen Substanzen. Die Befestigung der Glieder und Augen ist in jahrzehntelanger Tradition robust und solide. Eine Vielzahl von unerbittlichen Kontrollen gibt Garantie für gleichbleibende Qualität. Alte Steiff-Devise: „Nur wer alle Prüfungen besteht, verdient den Knopf im Ohr."

Das Material

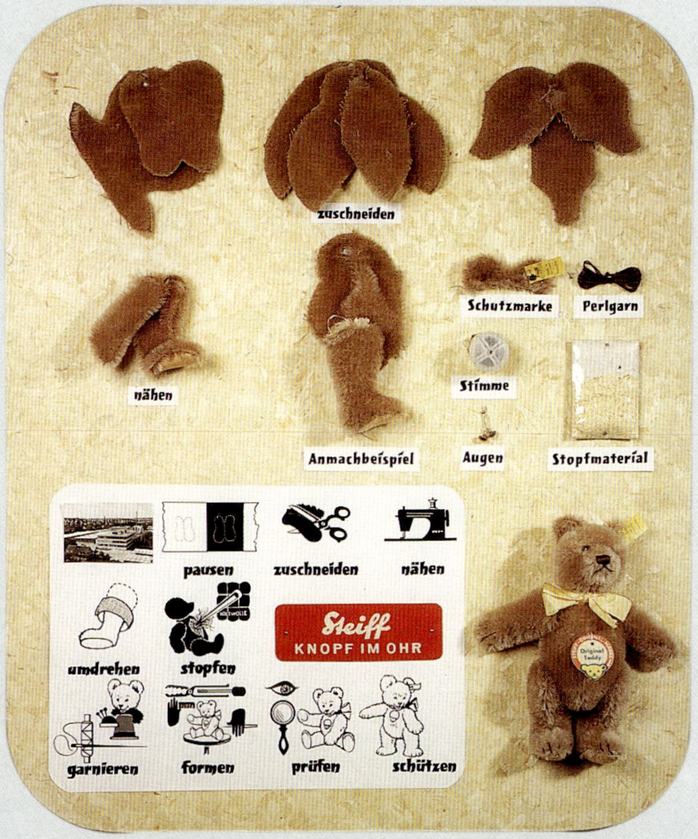

Übersichtlich veranschaulicht diese Tafel die verschiedenen Arbeitsgänge, die für die Herstellung eines Teddybären notwendig sind.

Das System

Nummern-Erklärung ab 1905 für Teddybären

Tausender bedeuten Stellung:
4000 = aufwartend
5000 = gegliedert
6000 = jung
7000 = karikiert (Teddy Baby)
9000 = mechanisch (Purzel- u. Musik-Bär)

Hunderter bedeuten Stoffüberzug:
5**3**00 = Mohairplüsch (glanzreich)
5**2**00 = Kurzplüsch (Sealskin)
5**5**00 = Lammplüsch (Wolle)
5**6**00 = Cellstoffplüsch 1919 - 21
5**6**00 = Kunstseidenplüsch 1940 - 48
5**6**00 = Dralonplüsch ab 50er Jahre

Zehner und Einer bedeuten cm Größe, sitzend gemessen. Ab 1933/34 Höhe stehend in cm:
53**20** = 30 cm (sitzend)
53**30** = 30 cm (1933/34, stehend)

Die Zahl oder der Buchstabe nach dem Komma bedeutet Ausstattung:

Zahlen nach dem Komma:
5320,**1** = mit Druckbalgstimme
5320,**2** = mit automatischer Stimme
9335,**3** = mit Musikwerk
5320,**7** = mit Maulkorb und Leine
5322,**01** = blond (ab 1959)
5322,**02** = caramel (ab 1959)
5322,**03** = dunkelbraun (ab 1959)
5322,**04** = weiß (ab 1959)

Buchstaben nach dem Komma:
5335,**b** = Bär mit Wärmflasche
5328,**P** = Pantom-Bär
5322,**N** = Nimrod Teddy
5318,**H** = Halsmechanik

1905 führt Steiff ein ausgeklügeltes Nummern-System ein, nach dem die Kunden ihre Bestellungen vornehmen können. In allen Katalogen werden diese Nummern abgedruckt. Jede Bestell-Nummer besteht aus vierstelligen Zahlen und einer Stelle nach dem Komma, die dann später, ab 1908, auch auf dem Fähnchen abgedruckt werden. Beispiel: 5320,2 bedeutet: Teddybär **5**320,2 = gegliedert; 5**3**20,2 = Mohairplüsch; 53**20** = Höhe sitzend gemessen; 5320,**2** = mit automatischer Stimme. Dieses Nummern-System wird im Laufe der Jahrzehnte nur unwesentlich ergänzt. Ab 1931 wird dem System eine zweistellige Serien-Nummer vorangesetzt (nicht auf Fähnchen), die ab 1959 auf drei Stellen erweitert wird.

Ab 1968 Umstellung des Systems, z. B.: 53**26**/01 = 0201/**26** nur die „26“ nach dem Schrägstrich gibt die Circa-Größe an. Es ist kein Artikelbezogenes Nummern-System mehr. Ab 1986 zusätzlich zum Nummern-System das neue Europäische Artikelsystem, die EAN-Nummer, die ab 1992 nur noch verwendet wird. Die Codiernummer besteht aus 13 Zahlen. Z. B.: **4001505**420016: 40 = Länderziffer, 01505 = Betriebsnummer STEIFF und die sechs letzten Zahlen 420016, die auf dem STEIFF-Fähnchen ausgedruckten Ziffern.

53**07**	53**10**	53**13**	53**15**	53**17**,2	53**20**,2	53**22**,2	53**25**,2	53**28**,2	53**32**,2	53**35**,2	53**43**,2	53**50**,2	Höhe sitzend cm
10	**15**	**18**	**22**	**25**	**30**	**32**	**35**	**40**	**46**	**50**	**60**	**70**	Höhe stehend cm
5310	5315	5320	5323	5325	5330	5332	5335	5343	5345	5350	5365	5370	ab 1933/34 Höhe stehend cm
5310	5315	5318	5322	5325	5328	–	5335	5340	5343	5350	5365	5375	50er Jahre

Das System

Jeder Sammler möchte natürlich wissen: Wie alt ist mein Teddybär? Eine Frage, die sich gar nicht so leicht beantworten läßt. Denn zwischen 1905 und 1950 hat sich im Prinzip am Aussehen und damit am Zuschnitt des Teddybären wenig geändert. Manchmal sind es nur winzige Details, an denen die Herstellungszeit erkennbar ist. Es gibt aber einige Regeln, an denen man sich orientieren kann und die eine ungefähre zeitliche Bestimmung ermöglichen.
Das Aussehen des ersten Teddybären, des „55PB" von 1903, ist nicht bekannt. Nur seine unmittelbaren Nachfolger, der „35PB" vom März 1904 und der „28PB" von 1904/05, sind bestimmbar:
1. Im Idealfall mit Elefanten-"Knopf im Ohr". 2. Auffallender Kopf mit langer Nase. 3. Schuhknopfaugen. 4. Siegellack-Nase. 5. Anscheibung durch Bindfaden oder Metallaufhängung.
Eine zusätzliche Hilfe ist das Wiegen und Messen. Das Wiegen gilt aber nur für die frühen Bären mit einfacher Druckbalgstimme, da nach 1908 durch den jeweils gewünschten Einbau einer schweren, mechanischen Brummstimme die Gewichtsangaben nicht mehr mit den Katalogangaben übereinstimmen, besonders bei den großen Größen.
Die abgebildete Parade zeigt Teddybären nach ihrem zeitlichen Entstehen. Steiff-Teddybären gibt es bis Anfang der 50er Jahre nur in 14 Größen (es gibt keine anderen Größen!), davon sind 13 aufgeführt. Es fehlt der größte Bär, der „5380" von 1905, der 115 cm mißt. Wichtig: Alle Teddybären werden bis 1933/34 bei Steiff sitzend gemessen! Und nur in den Größen, die in der Tabelle angegeben werden. Ab 1910 sind in den Steiff-Katalogen auch die Größenangaben für den aufrecht stehenden Bär angegeben.
1933/34 erfolgt eine Umstellung des Steiffschen Nummernsystems: ab sofort werden alle Bären stehend gemessen. Auch einige Größenveränderungen werden vorgenommen. Eine weitere Umstellung durch neuen Schnitt erfolgt 1950/51. 1966 kommt ein völlig neues Bären-Modell auf den Markt. 1980 erscheint die erste Teddybär-Replika.

Jahr	Bezeichnung	cm	Gramm
1905	PAB 5317,1	25	90
1905	PAB 5322,1	32	170
1904	PB 28	40	580
1905	PAB 5328,1	40	350
1904	PB 35	50	1050
1905	PAB 5335,1	50	610
1905	PAG 5343,1	60	980
1905	PAB 5350,1	70	1380
1905	PAB 5380,1	115	5400

Elefanten-Knopf (1904 bis 1905).

Blanker Knopf (ab 1904/05) mit erstem Fähnchen (um 1908), vermutlich Versuchsserie.

Knopf (ab 1905), Fähnchen (ab 1908 bis 1910/11).

Knopf (ab 1905), Fähnchen (ab 1910/11 bis 1925/26).

Knopf (ab 1905), Fähnchen (ab 1925 bis 1934/35).

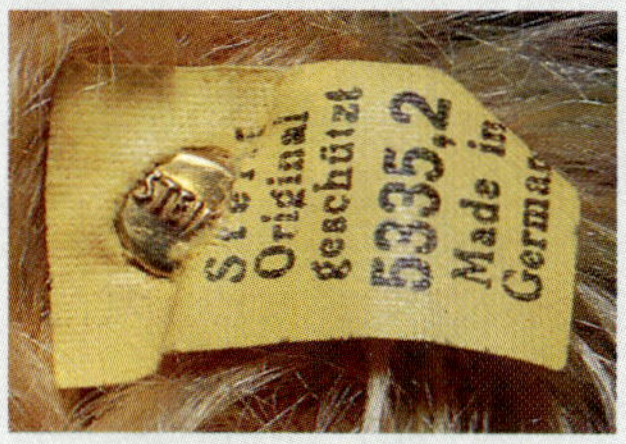

Knopf (ab 1905), Fähnchen (ab 1933/34 bis 1943).

Geprägter blau gemalter Knopf (1948 bis 1950).

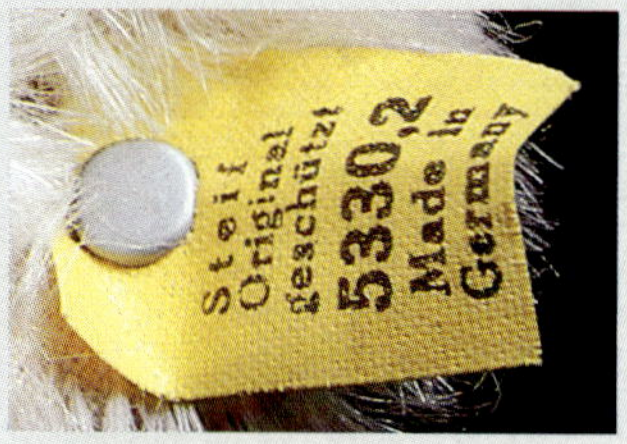

Ungeprägter blanker Knopf (1948 bis 1950).

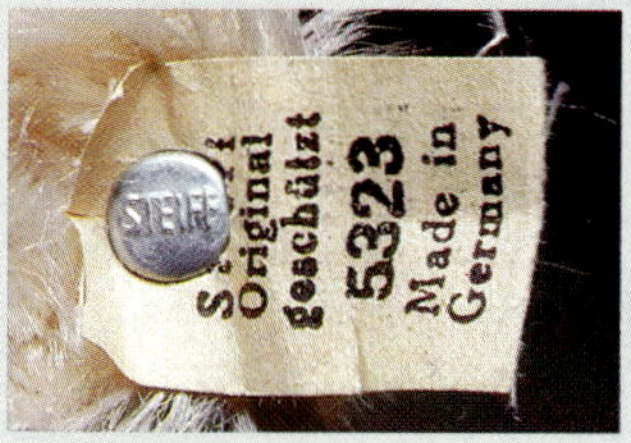

Knopf mit „STEIFF" in Großbuchstaben, Fähnchen kurze Zeit weiß (um 1950).

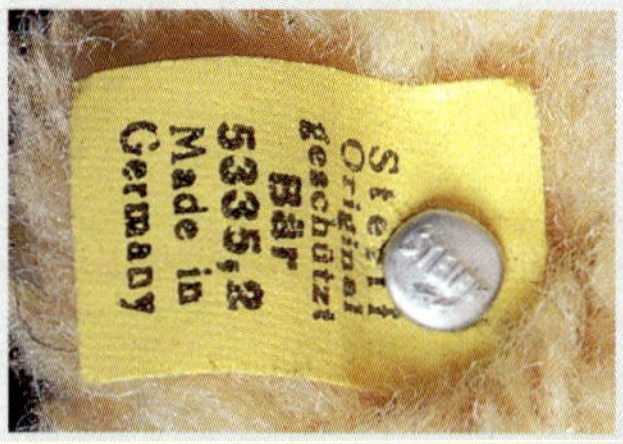

Knopf aus Altbestand, Fähnchen weiß oder gelb (1950 bis 1952).

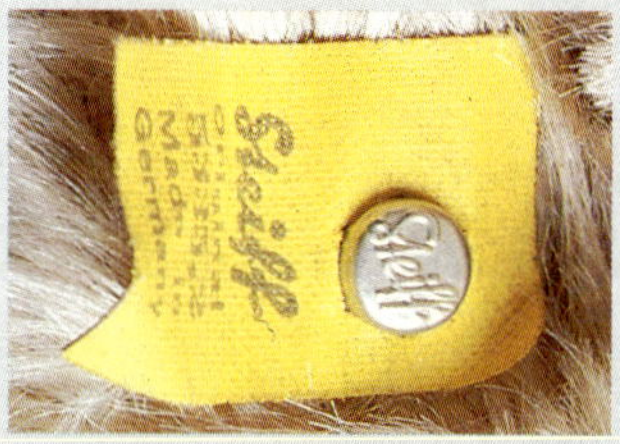

Knopf mit Schriftzug „Steiff", Fähnchen weiß oder gelb (ab 1952/53).

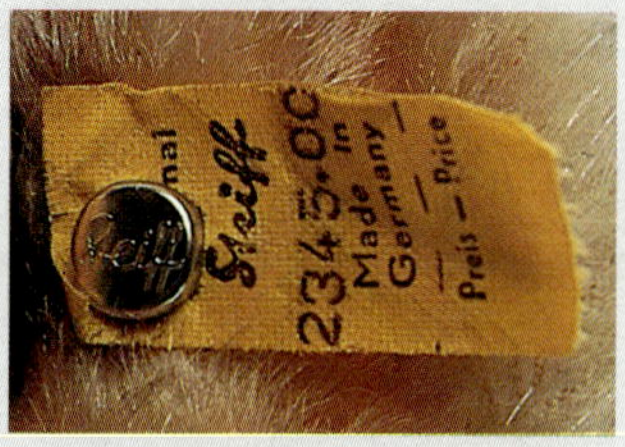

Knopf mit Schriftzug „Steiff", gelbes Fähnchen (1960 bis 1972).

Knopf mit Schriftzug „Steiff", gelbes Fähnchen (1969 bis 1977 - bis 1982 für Wollminiaturen).

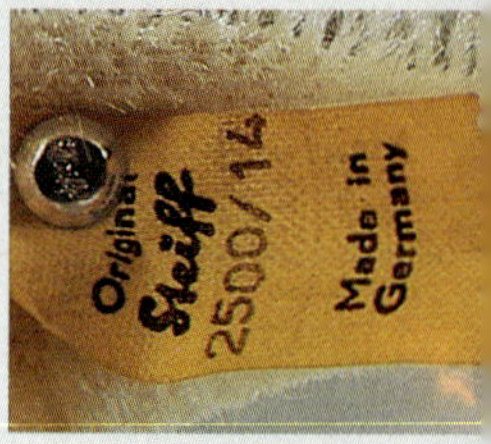

Hohlniete (1967 bis 1977).

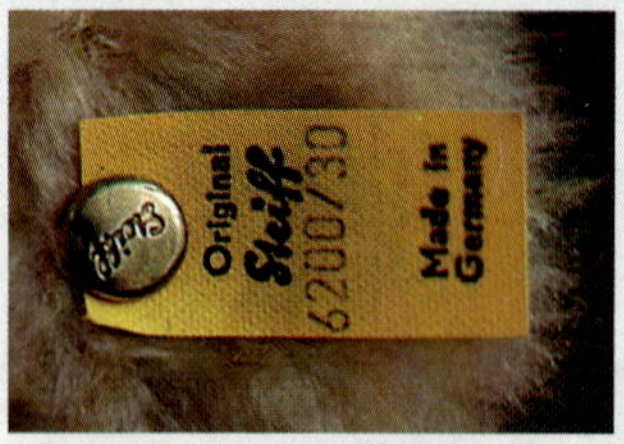

Knopf mit Schriftzug „Steiff", Fähnchen (1977 bis 1981).

Knopf mit Schriftzug „Steiff", Fähnchen aus gelbem oder weißem Webstoff (1980 bis 1982).

Knopf mit Schriftzug „Steiff", Fähnchen aus gelbem oder weißem Webstoff (1982 bis 1987).

Knopf mit Schriftzug „Steiff", Fähnchen aus gelbem oder weißem Printband (ab 1986 bis Ende 1989).

Für Artikel II. Wahl ohne Fähnchen (nach 1984).

Fähnchen für I. Wahl Artikel mit EAN-Nummer (1990 bis 1991).

Fähnchen mit Artikel-, EAN-Nummer und CE-Zeichen (1990 bis 1991).

Fähnchen für Überproduktion. Werden ohne Zertifikat oder Verpackung verkauft.

Fähnchen für Repliken und Sonderartikel in limitierter Auflage (ab 1992).

Fähnchen für Artikel die limitiert, aber keine Repliken sind, mit roter Schrift (ab 1994).

Material der Fähnchen
- bis 1981 aus Buchbinderleinen;
- 1980 bis 1987 gewebt (gelb und weiß);
- 1986 bis heute Printband (gelb und weiß).

Das Marken-Zeichen

SCHUTZ KNOPF im OHR MARKE

Halsmarke (1926 bis 1928).

Halsmarke (1928 bis 1950).

Halsmarke Sonderanfertigung (1929).

Halsmarke (1950 bis 1972 - für Repliken ab 1983).

Halsmarke (ab 1972).

Halsmarke (ab 1984 - für Repliken aus den Jahren 1928 bis 1950).

Halsmarke (ab 1983 - für Repliken vor 1928).

Halsmarke (ab 1983 - für Repliken aus den 50er und 60er Jahren).

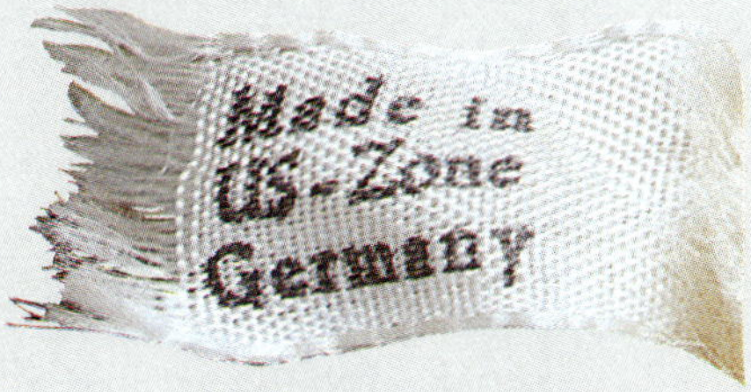

Zusätzliches Fähnchen, am Körper festgenäht, Kennzeichnung nach dem Krieg (1947 bis 1953 - Amerikanische Militärzone).

Ab 1. November 1904 wird an jedem Steiff-Produkt ein Metallknopf mit eingeprägtem Elefanten befestigt. Ab 20. Dezember 1904 ist der Begriff „Knopf im Ohr“ als Warenzeichen rechtlich geschützt. 1905 wird das Elefanten-Motiv durch die Druckbuchstaben „STEIFF“ ausgetauscht. 1908/09 wird der Knopf im Ohr durch ein Textilfähnchen ergänzt, auf dem die Produkt-Nummer aufgedruckt ist. Im Laufe der Firmengeschichte verändern Knopf und Fähnchen ihr Aussehen. In einigen Fällen ist es unmöglich, eine exakte zeitliche Datierung vorzunehmen, da häufig aus Kostengründen Bestände von bereits veralteten Knöpfen ohne Rücksicht auf den Zeitpunkt für die aktuelle Produktion verwendet werden. Eine zeitlich gleiche Verwendung von ausgemusterten und aktuellen Knöpfen ist meist in Krisenzeiten feststellbar. Nach dem Zweiten Weltkrieg werden von 1948 bis 1950 billige Ersatzlösungen verarbeitet: die Knöpfe sind nicht verzinkt, sondern blau übermalt oder aus blankem Weißblech. Die abgebildeten Beispiele auf dieser Seite sind der Versuch, die Entwicklung von Knopf und Fähnchen zeitlich zu ordnen. 1926 erhalten alle Produkte zusätzlich Anhänger aus festem Papier um den Hals, die sogenannte Halsmarke. Das Aussehen dieser Halsmarke verändert sich im Laufe der Jahre. Im Idealfall stimmen Halsmarke und Fähnchen farblich überein. Kombinationen sind zum Beispiel weiße Halsmarke mit Metallrand (1926 bis 1928) mit weißen oder orangefarbenen Fähnchen. Eine andere Zusammenstellung: Bärkopf-Halsmarke (1928 bis 1950) mit orangefarbenen, gelben oder weißen Fähnchen. Für Repliken wird in den 80er Jahren auf die alte, bewährte Form der Halsmarken zurückgegriffen. Seit 1990 zeigt die gelbe Fahne (Normalsortiment) auf der Vorderseite den Bärenkopf mit Fahne, das Steiff-Markenzeichen, die EAN (Europäische Artikel-Nr.) und den Aufdruck „Made in Germany by“. Die Rückseite der Fahne enthält Angaben zum Material der Nähhülle: PA (= Polyamid), PES (= Polyester), PAC (= Polyacryl), Cotton (= Baumwolle), Wool (= Wolle oder Mohair). „CE“ (= französisch „EG“ = Europäische Gemeinschaft). Die weiße Fahne wird nur an Repliken und Sonderartikeln in limitierter Auflage (Stückzahl- oder Zeit-Limitierung) angebracht. Die Rückseite zeigt die laufende Nummer der Limitierung und bei Sonderanfertigungen den Namen des Kunden oder den Anlaß der Produktion.

Danksagung

Die Autoren danken allen, die geholfen haben, dieses Buch zu ermöglichen. Besonderer Dank gilt Jörg Junginger, dem Leiter der Entwicklungsabteilung bei der Margarete Steiff GmbH und Urgroßneffe der Firmengründerin sowie seiner Mitarbeiterin Manuela Lanzinger; Tweed Roosevelt, dem Urenkel des legendären US-Präsidenten Theodore Roosevelt; der Familie Richard Steiff, hier insbesondere seiner Tochter Marianne Steiff sowie seiner Enkelin Susanna Steiff Pinyuh; der Plüschfabrik Reinhard Schulte, Duisburg, hier insbesondere der Enkelin Irmgard Stöckl und Geschäftsführer Günther Hofer sowie Marie-Luise Schulz, die das Teddybär-Alphabet entworfen hat.
Es wurde Sorgfalt darauf verwendet, alle Personen und Institutionen zu nennen, die bei der Erstellung dieses Buches behilflich waren. Sollte jemand nicht erwähnt sein, bitten wir um Nachsicht. Es wäre nicht beabsichtigt.

Fotonachweis

Weitere Abbildungen oder Teddybären stellten zur Verfügung: Archiv für Kunst und Geschichte, Berlin (Vorsatz); Auktionshaus Christie´s, London (Seite 39, 41); Karin Ernst, Puppenmuseum, Putbus auf Rügen (84); Birgit Glöckler, Eggenstein (125, 164); Mike Liebig, Bad Zwischenahn (26, 69, 72, 73, 89, 93, 95, 176); Martina Pfeifle, Karlsruhe (132); Auktionshaus Sotheby´s, London (45, 54); David Worland, Australien (52).

Lithos: Schreck & Jasper GmbH, Bonn
Druck: Druckhaus B. Kühlen KG, Mönchengladbach
Printed in Germany
ISBN 3-921844-39-8